BIBLIOTECA PREMIOS CERVANTES

Rafael Sánchez Ferlosio

Glosas castellanas
y otros ensayos
(diversiones)

Rafael Sánchez Ferlosio

Glosas castellanas
y otros ensayos
(diversiones)

Fondo de Cultura
Económica

Universidad de Alcalá

SERVICIO DE PUBLICACIONES

Primera edición, abril de 2005

© Rafael Sánchez Ferlosio, 2000 y 2005 (ed. revisada)

D.R. © 2005 de esta edición:
Universidad de Alcalá. Servicio de Publicaciones
Plaza de San Diego, s/n. 28801 Alcalá de Henares
Tel. 918854066 - www.uah.es

Fondo de Cultura Económica de España, S.L.
Vía de los Poblados 17, 4°-15. 28033 Madrid
Tels. 917635044/2800 - fondodecultura@terra.es

En portada:
Liber mundi (1996), óleo sobre lienzo de Miguel Galano
Diseño de cubierta:
Inés Hidalgo

ISBN: 85-375-0583-6
DL: M-13470-2005
Impreso en España

Índice

Glosas castellanas

A Gonzalo Hidalgo Bayal,
jardinero de la lengua castellana,
que al cultivar un campo de amapolas blancas
hizo extinguirse las rojas amapolas,
para que al fin pudieran florecer
las amapolas rojas *

I. El verbo traspunte

§ 1. *(Los verbos blancos).* Si el oído es ballesta, dardo en palabra, maguer muchas augures, algunas marras. ¿O no es humano que Don Fernando a veces no dé en el blanco? Lo digo por el artículo «Buenas madrugadas», de don Fernando Lázaro Carreter (*El País*, 7 de marzo de 1999), al que tengo que hacer algunas observaciones. La primera de ellas se refiere a su propia prosa, en la frase, de la que sólo transcribo el principio, porque ya hace sentido de frase completa: «Y hay la creciente legión de quienes trabajan a esas horas...». Pues bien, componer «hay» (o «había» o «hubo», etcétera) con el artículo determinado: «hay la creciente legión», es un grave atentado contra uno de los dos verbos blancos que debería estimarse entre las mejores joyas de la lengua castellana: estas formas impersonales de «haber» y los usos blancos de «estar»: «Para algo está

* Mi amigo Gonzalo Hidalgo escribió una magnífica y conmovedora novela bajo el título de *Campo de amapolas blancas*.

9

la gramática» (no, en cambio, «está blanco como la cera»
o «está en Guadalajara»), precisamente el verbo que debería haber usado Don Fernando en esa frase: «Está la creciente legión de quienes [aunque aquí, a su vez, mejor que
«quienes» habría sonado «los que»] trabajan a esas horas...».

§ 2. *(Hay un).* «Hay» es el verbo traspunte, el verbo que
pone en escena, y si él se niega a hacerlo la escena permanece vacía, no aparece nadie: «No hay un alma», «No
había bicho viviente». Es cierto que otros verbos pueden
hacer secundariamente esa función: «no volaba un pájaro», «lloraba un niño», «pastaban unas vacas», pero «hay» es
el traspunte absoluto y específico, el que goza del milagroso
don de ejercer el oficio de la pura agnición originaria:
«Había una vez un pobre leñador...». Para este prodigio,
«había» tiene por compañero y colaborador inseparable el
artículo «un», que, por tal cometido, podría llamarse a su
vez el «artículo traspunte» (lo mismo que, por su parte, al
formar la mención con «hubo» y «hay»). En efecto, después de que «había una vez», ha suscitado *ex nihilo* al leñador, empieza todo el sistema de la *circulación anafórica*, y ese
leñador no volverá a ser mentado con el artículo «un»,
sino como «el leñador», puesto que ya ha sido puesto en
escena, ya *está* en escena, y si el cuento se complica y aparece un segundo profesional de la segur, la fórmula de
agnición ya no podrá ser «un leñador» sino «otro leñador»,
y si queremos volver a mentar al que ya estaba en escena
cuando fue puesto en escena este «otro» (a menos que se
les haya puesto nombre propio, –nunca apellidos, que no

son propios del cuento, sino de la novela–) tendremos que mentarlo como «el primer leñador», y así sucesivamente, poniendo en juego todos los resortes, perfectamente gramaticalizados, de la circulación anafórica. A partir de ésta se puede definir, por lo tanto, la unidad de texto, pues si teniendo ya en escena un leñador aparece, como en el caso propuesto, un segundo y no es mentado con «otro» sino con «un» la unidad de texto se rompe, ya que esto equivale a suscitar nuevamente una escena vacía de leñadores y por consiguiente una interrupción de la continuidad con respecto a las frases anteriores.

§ 3. *(La unidad de texto)*. Pero ese segundo leñador no puesto en escena con la mención «otro leñador» sino con la mención «un leñador» es un error, un desliz o una transgresión, corregible o subsanable (por ejemplo, añadiéndole «sueco», «un leñador sueco», si el primer leñador mentado «cae bajo el entendimiento» de que es un leñador castellano), porque es una infracción particular, como un delito cometido por un individuo; por el contrario, lo que no puede absolutamente repetirse en el seno del cuento, porque es una transgresión máxima, general, la derogación total de la propia ley constituyente y la destrucción del cuento mismo, es «Había una vez». Lo que no quiere decir otra cosa sino que con «Había una vez» («C'era una volta», «C'était une fois», «Es war ein Mal», «There was upon a time») el verbo traspunte y el artículo traspunte no sólo ponen en escena a «un pobre leñador» sino que también *ponen* la escena misma: «Había una vez» no es una fórmula ceremonial que la tradición haya acabado por hacer protocolaria en las convenciones de la literatura narrativa, tanto escrita como oral –y especialmente oral, dada la falta de una demarcación como la de la página–, sino que es realmente un rito carismático que imprime carácter. Decir que es una indicación de cómo debe oírse o leerse lo que sigue es todavía decir muy poco, porque no da todo el alcance y la especificidad de ese «cómo debe oírse o leerse». «Había una vez» instaura y constituye una escena aun más que autónoma, verdaderamente *autóctona*, en el sentido etimológico de la palabra: una escena que se da luz a sí misma, que se alumbra a sí misma. Ya he dicho que la escena así instaurada determina la unidad de texto, con la circulación anafórica interna que le corresponde y cómo la vigencia y la actividad de esa unidad de circulación anafórica se manifiesta en que cuando hay ya un leñador en escena, si aparece un segundo leñador no puede hacerlo ya con la mención «un leñador», sino con la mención «otro leñador», lo que quiere decir que la *unidad* del texto consiste en estar *comunicado*, como un sistema de vasos sanguíneos, en ser las partes *copresentes* las unas a las otras. La unidad de texto podría quedar definida, por aplicar aquí la terminología del gran maestro Karl Bühler, como unidad de *campo mostrativo*.

§ 4. *(Había una vez)*. En las magistrales páginas del segundo capítulo de la *Teoría del lenguaje* de Karl Bühler [1] («El

---

[1]. Karl Bühler, *Sprachtheorie,* Gustav Fischer, Jena 1934; versión castellana: *Teoría del lenguaje,* traducido por Julián Marías, *Revista de Occidente,* Madrid, 1950.

campo mostrativo del lenguaje y los demostrativos»), nos encontramos, en medio de un riquísimo caudal de observaciones, constataciones y explicitaciones psicológicas y lingüísticas, con lo que el autor denomina como «deixis en *phantasma*», e ilustra el «segundo caso principal» de esta forma de deixis con la figura «Mahoma va a la montaña». Para explicar cómo es posible que Mahoma vaya a la montaña, esto es, que el sujeto —hablante / oyente— pueda orientarse y moverse en «la montaña», o sea en un espacio imaginado, como es el del cuento, con todos los resortes del campo mostrativo y los demostrativos del espacio *de la voz*, si se me permite designar con este término propio el lugar en que se habla y se oye, Bühler hace valer la facultad, en principio psicológica y mental y derivadamente lingüística, de la «trasposición», que consiste en que Mahoma vaya a la montaña llevándose consigo el eje de coordenadas egocéntrico, *aquí, ahora, yo*, «actual» de la voz, de manera que pueda orientarse y moverse «allí», en el *phantasma* como lo hace «aquí», en *la voz*. Naturalmente, la explicación de Bühler es mucho más compleja y circunstanciada, y es sumamente relevante su constatación de cómo los resortes del *phantasma* se actúan ya constantemente, aunque de modo tácticamente «puntual», en los dominios mostrativos de la voz.

Mi observación de más arriba de que el campo mostrativo establecido por «Había una vez», *scilicet* campo mostrativo del segundo caso principal de la deixis en fantasma —Mahoma va a la montaña—, es radicalmente autóctono: «se alumbra a sí mismo», y tiene, por consiguiente, un *hic-et-nunc* absolutamente *autónomo* puede ilustrarse negativamente mediante la comparación con lo que ofrecen las cartas y los periódicos en lo que atañe al cumplimiento anafórico del artículo determinado: si en una u otra clase de texto aparece el artículo determinado en menciones como «el jueves pasado», «el domingo que viene» —y lo mismo vale para «demostrativos» como «ayer» o «aquí»— la mención anafórica no es autóctona, porque se cumple solamente por relación con el día de la fecha —el *nunc*— y el lugar del remitente —el *hic*—, que tanto cartas como periódicos suelen llevar en el encabezamiento, y el eje de coordenadas al que esos datos se refieren y que permite cumplirlos cabalmente es un sistema, un eje de coordenadas, común y general convencionalmente establecido para la comunidad lingüística a la que pertenecen emisor y receptor: en los países cristianos el calendario de la Era cristiana para la fecha y el juego de topónimos de un espacio geográfico común y conocido para el lugar. Es cierto que este juego de topónimos es un sistema totalmente heterogéneo en la forma y en el modo con respecto al sistema usado para el *nunc*; pero si quisiésemos determinar el *hic* con un sistema completamente análogo al que vale para el *nunc*, ahí está para eso la retícula no menos convenida de los paralelos y los meridianos, con su paralelo Cero: el Ecuador, y su meridiano Cero: el de Greenwich, que ha tenido que ser fijado mediante una deixis material convenida de una vez por todas, exactamente igual que el Anno Domini (no

afecta a tal *convencionalidad* el que se haya querido justificar «racionalmente» la elección de uno de esos dos ceros
—el del Ecuador— en una fundamentación cosmológica
o astronómica; también los meridianos tienen, a su vez,
de cosmológico el ser «circunferencias máximas» que pasan
por los dos polos, pero para decidir «este es el cero» no ha
habido más remedio que trazar con una tiza una raya en
el suelo del observatorio de Greenwich, y el que ello
pueda ser «de una vez por todas y para siempre» es cosa
que ya está en manos de las autoridades competentes).

§ 5. *(El presente en fantasma).* Pero lo que, por el contraste, me importaba de toda esta divagación era marcar el
carácter absolutamente autóctono del campo mostrativo
establecido por «Había una vez»; Bühler no llega a tomar
en consideración todo el alcance de esta extraordinaria,
por no decir milagrosa, capacidad no sólo ya del «Había
una vez», sino también —y ahora en especial— del llamado
«pretérito imperfecto» castellano, y común, por lo demás,
a los romances.[2] Empezaré por declarar de cara que ni es
«pretérito» ni es «imperfecto»; esto segundo es una historia larga de contar en la que ahora no voy a introducirme.
De lo primero, de que no es «pretérito», sí voy a ocuparme aquí y ahora. Pertenece al viejo y empedernido prejuicio, seguramente nacido de la hegemónica tradición

2. Es una pena que Bühler no alargase el oído a los romances, pues su
auscultación habría acabado sin duda por *oír* el presente en fantasma en el
mal llamado «pretérito imperfecto»; el alemán, al igual que el inglés, carece de él.

europea de la gramática latina, de la concepción temporalista —«objetivista»— de las flexiones del verbo, que tienen,
por el contrario, bastante más que ver con lo que Bühler
nos descubre sobre el campo mostrativo. Él mismo, aun
refiriéndose sólo a la deixis en fantasma en su segundo
caso principal (Mahoma va a la montaña), acierta a poner-
nos en las manos, y como de pasada, una observación de
valor inestimable: «El país de los cuentos está, dicho psicológicamente, en alguna parte que no está con el aquí
en una relación que pueda indicarse».[3] Ni más ni menos:
el rasgo de «pretérito» no es un carácter congénito, una
nota específica, del mal llamado «pretérito imperfecto»,
sino tan sólo una función que por su propia condición
puede ejercer. Si hemos de darle, en nombre de esa misma
condición, una denominación provisional, le cuadrará más
bien la de «presente en fantasma», donde lo de «presente»
puede aceptarse de momento, no sólo porque no parece

---

3. Otra aproximación no menos relevante nos la da en el siguiente
pasaje: «Para un oyente o lector que *haya pasado al menos por su época de
cuentos* [cursiva mía] y 'allí' se haya entrenado previamente, resulta tan fácil
una cosa como la otra [el desplazamiento de Mahoma a la montaña o el
inverso]. Realiza la visión lejana desde su lugar perceptivo o desde un
lugar fantástico tan fácilmente y sin reparar en ello, como realiza, por
ejemplo, las indicaciones de pretérito y futuro de las lenguas indoeuro-
peas desde su ahora intuitivo o desde otro punto fijo de la línea temporal fantaseada. El pluscuamperfecto o el futuro perfecto (*futurum exactum*)
'necaverat o necaverit eum' determinan el proceso tal como podrían
conocerlo como realizado el hablante y sus oyentes desde el ahora, a través de una trasposición intermedia. Que el punto de trasposición indicado posteriormente en el texto *esté en el pasado o en el futuro no constituye
la más mínima diferencia desde el punto de vista de los requisitos de la fantasía*
[cursiva mía]».

comprometer a mucho, sino también porque creo estructuralmente justificada —y también formalmente fundada— la tradicional correlación reconocida por los gramáticos entre el llamado «presente de indicativo» y el llamado «pretérito imperfecto». He aquí, sin más, una convocación de ese fantasma, que nada tiene que ver con el pretérito y que podemos aprender, como gustaba de decir el propio Bühler, «en el cuarto de los niños»: «Yo era el médico y tú eras el enfermo», y si queremos añadirle también un configurador espacial: «Yo era la tendera, vosotros erais los clientes y esta banqueta era el mostrador». ¿Está tal vez ese lugar o «país» de los juegos de ficción en alguna «relación con el aquí que pueda indicarse»? Otra función del *presente en fantasma* notablemente distinta de la de los juegos de ficción en cuanto a la situación que la reclama es la siguiente: Hoy Cayo va y le dice a algún amigo: «Mi tío Sempronio se jubila dentro de seis meses»; pero he aquí que el tío Sempronio enferma de pronto inesperadamente y al cabo de una semana se muere; volvamos a oír a Cayo: «Mi pobre tío Sempronio se jubilaba dentro de seis meses». ¿Dónde está, pues, esa jubilación?, ¿dónde la pone ese «jubilaba»? ¿En el ayer?, ¿qué ayer? Ningún ayer al que haya podido retroceder, sino en un hoy que apenas hace una semana era un *presente de la voz* y que la muerte ha convertido de repente en un *presente en fantasma*, o sea «en alguna parte que no está con el aquí [con el hoy, con el presente de la voz] en una relación que pueda indicarse». Obsérvese, por último, que «se jubila dentro de seis meses», aun comportando un predicado cuyo vencimiento está prospectado, según el «tiempo objetivo», para dentro de seis meses, se dice con el presente de la voz; ¡con toda la corrección del mundo y sobre todo de la gramática de la lengua castellana!, porque esa jubilación es una cosa ya fijada, está ya dada, tiene ya plenamente el carácter de *noticia* o, en fin, aquella condición que se requiere para que un predicado se someta al veredicto de verdad o falsedad; por eso está dicho en presente: en presente de la voz mientras el tío Sempronio siga vivo; en presente en fantasma –igualmente sujeto a un veredicto de verdad o falsedad– si el tío Sempronio se muere de repente. Y esta última condición, la de tener *ambos presentes* el carácter de noticia y estar, por tanto, expuestos a un juicio de verdad o falsedad insinúa ya el camino por donde al doblemente mal llamado «pretérito imperfecto» se le derogará también el otro rasgo, el de «imperfecto». Permítaseme un último ejemplo para ilustrar cómo se inserta la función del fantasma. Cayo puede perfectamente decir: «Pitágoras fue el que vio que en todo triángulo rectángulo la suma de los cuadrados construidos sobre los catetos *es* igual al cuadrado construido sobre la hipotenusa», pero si, en cambio, a Sempronio le gusta más convocar el fantasma e invocar de entre los muertos la sombra de Pitágoras, para evocarlo aquella misma noche en que hizo el gran descubrimiento, puede decir, con la misma corrección gramatical: «Y de pronto Pitágoras vio con suprema admiración y reverencia que en todo triángulo rectángulo la suma de los cuadrados construidos sobre los catetos *era* igual al cuadrado construido sobre la hipotenusa». [4] ¿Ha de entenderse acaso que ese «era» quiere decir que en los dos milenios y medio transcurridos desde entonces el Teorema de Pitágoras ha sido desmentido, como una noticia falsa o un cálculo errado, o ha dejado de ser vigente, como una ley prescrita o abolida? Ningún oído castellano, sea lo que fuere de todo lo demás, ya sea en el reino de los vivos, ya sea en el de los muertos, puede entenderlo así.

§ 6.   *(Procedimiento épico y procedimiento dramático).*Volviendo ahora al ejemplo «Yo era la tendera, vosotros erais los clientes y esta banqueta era el mostrador», el haber puesto la banqueta, transfigurada en mostrador, en el centro de la acción, como configurador del espacio, sirve para distinguir más claramente entre los que Bühler llama «procedimiento épico» y «procedimiento dramático»: en el fantasma convocado por «Había una vez», el sujeto hablante/oyente parece, por lo menos en principio, que se lleva el sistema de coordenadas siempre egocéntrico, «aquí-ahora-yo», y constituye «allí» el campo deíctico, y este sería el «procedimiento épico», el del cuento; pero en los juegos de ficción, al decir «Esta banqueta era el mostrador» queda investido el propio espacio de la voz con las representaciones del fantasma, al igual que las personas «yo» y «vosotros» de la voz quedan revestidas de los personajes de ficción: el propio campo mostrativo de la voz se transfi-

---

4. A este propósito Diógenes Laercio cita de otro o inventa él mismo el siguiente comentario: «Pitágoras, descubierta / aquella nobilísima figura / bueyes mató por ello en sacrificio».

gura —por así decirlo, *in situ*— en campo mostrativo del fantasma. Bühler trata el asunto ciñéndose tal vez, para el profano, demasiado estrechamente a los desnudos datos de la experiencia psicológica, de manera que da lugar a una cierta superposición entre el caso principal «la montaña viene a Mahoma» y el procedimiento dramático (el segundo caso principal «Mahoma va a la montaña» queda, en sí mismo, bastante más claro, aunque por el influjo de la otra superposición tiende, a su vez, a superponerse con el procedimiento épico); las dos observaciones que, referidas al procedimiento dramático, puedo espigar, sin embargo, como bastante claras, son las siguientes: «comienza el narrador con ademanes indicativos, y el escenario está dispuesto: el espacio presente se ha convertido en escenario» y, tras describir una representación teatral china muy esquemática: «Visto psicológicamente, esto no es otra cosa que un juego ficticio [más propio habría sonado en castellano «de ficción»] sistematizado, apoyado en mil convenciones, que sin tanta convención y con soberana arbitrariedad, pero en resumidas cuentas con recursos parecidos se representa a diario en todos los cuartos de niños del mundo». Con todo, aun sin resolver las superposiciones señaladas, podría acabar enunciando —aunque probablemente no sin algunas simplificaciones— lo que creo haber entendido de este modo: en el procedimiento épico, el del cuento, el sujeto hablante / oyente, Mahoma, *se lleva*, por trasposición, el campo mostrativo de la voz —desde la voz— al campo simbólico de las representaciones del fantasma, a la montaña; en el procedimiento dramático, el de los juegos de ficción, el sujeto hablante/oyente, Mahoma, *se trae* al campo mostrativo de la voz el campo simbólico de las representaciones del fantasma, la montaña. Alegremente, sin embargo, he dicho «se lleva» y «se trae»: el supuesto de principio de la deixis en fantasma es, desde luego, que Mahoma y la montaña no están mutuamente presentes entre sí, como demuestra el que dos procedimientos –el del cuento y el del juego de ficción– se valgan del presente en fantasma, pero ¿cuál de los dos, Mahoma o la montaña, se mueve o se traspone hacia el otro en cada caso? Quiero decir que no veo ningún criterio capaz de resolver la al menos aparente indiferencia de concebir en uno u otro caso el movimiento en un sentido dado mejor que en el inverso; lo único que parece estar bastante claro es que el sentido del movimiento que hace posible el cuento y el sentido del que hace posible el juego de ficción son necesariamente inversos entre sí. Pero, a despecho de esta indiferencia –tanto si es sólo aparente como si es definitiva–, sí que se puede sacar en conclusión otra cosa mucho más importante (y decisiva para corroborar el admirable hallazgo de la teoría de Bühler): hasta qué punto en el juego alternativo de los dos desplazamientos, y cualesquiera que sean los sentidos respectivos, permanecen nítidamente separados el eje de coordenadas del *hic-et-nunc* y las representaciones del fantasma; lo cual confirma rotundamente la doctrina de los dos campos del lenguaje: el campo mostrativo de los demostrativos y el campo simbólico de los nombres.

§ 7. *(Está el)*. En determinados documentos oficiales, generalmente jurídicos, como atestados, contratos, actas, etcétera, el artículo «el» suele formar menciones claramente anafóricas: «el», cuando aparece, quiere decir a menudo «el dicho», «el susodicho». En este tipo de escritos, he podido observar cómo los extremeños suelen demostrar un oído especialmente agudo para la función anafórica: mientras los castellanos –siempre en esa clase de escritos– han suprimido el artículo «el» solamente en las menciones en que los documentos antiguos (no podría precisar la época del cambio) solían escribir «el dicho» –v. gr., «el dicho aparcero»–, los extremeños han extendido o suelen extender esa misma supresión del artículo a otras menciones anafóricas equivalentes. Así, por ejemplo, podemos leer: «habiendo declarado su intención de arrendar citado huerto», o bien: «habiéndose apoderado indebidamente de las llaves de mencionada casa». Así que de la misma manera en que los castellanos han percibido la redundancia del artículo «el» en una mención anafóricamente autosuficiente como «dicho», el fino oído de los extremeños ha acertado a advertir esa misma autosuficiencia –y, por tanto, redundancia del artículo– en otras menciones anafóricas análogas, como «citado», «mencionado», «susodicho», «referido» o cualquier otra semejante, si la hay. Esto ilustra el carácter originariamente anafórico del artículo determinado, tal vez todavía siempre latente, como el primitivo texto raspado y oculto bajo el nuevo en un viejo palimpsesto, incluso en las recurrencias más insospechadas. Naturalmente, el que palabras como «dicho», «citado», etcétera, que no pertenecen de ninguna manera a la categoría lingüística de los *demostrativos* (aunque podría sospecharse en «susodicho» un momento mostrativo en «suso», dado que es una señal de dirección, aunque rotundamente anafórica, ya que ese «sursum» —«arriba»— se cumple convirtiendo la página o el texto en campo mostrativo) se hayan hecho capaces de ejercer funciones anafóricas es un hecho que refuerza la evidencia de las disposiciones mostrativas generales del lenguaje. Por otra parte, sería violentar las palabras hasta extremos completamente impropios y abusivos y, sin embargo, habilitarlas para un uso, a mi entender, metafóricamente ilustrativo, tratar de poner a prueba la mención con artículo determinado en sus funciones para el universal a la luz de la idea general de «anáfora». La primera y gravísima infracción y contradicción contra las notas específicas del concepto de «anáfora» en que se incurriría con semejante intento consiste en pasar por alto la circunstancia de que la mención de universales no ejerce, en principio, su función en el campo mostrativo de un texto ordenado en sucesión ni sintácticamente organizado; en efecto, si nos representamos el acervo semántico de una lengua, al que remite la mención de universales, bajo la imagen material de un diccionario, no estamos ante ningún discurso sucesivo, sino ante una gran plana que se nos presenta ante los ojos de la cara toda de una vez, de una manera virtualmente simultánea. El orden alfabético no puede, evidentemente, considerarse como una sucesión lingüísticamente significativa, sino, por el contrario, justamente como un allanamiento de cualquier posible relación semántica, dejando aparte el hecho de que el diccionario se ha suscitado aquí tan sólo como imagen de la presencia del acervo en la mente del hablante. Pero he aquí que de pronto me doy cuenta de cómo esta inintencionada y azarosa ocurrencia «sobrevenida» de la comparación con el diccionario viene a mi encuentro para poner, por contraste, de relieve el hecho de que el acervo de la lengua está en la mente del hablante de una manera extraordinariamente más ordenada y más organizada bajo el aspecto de la significación de cuanto pueda estarlo el ciego diccionario. Más todavía, el autoexamen de cómo está en la mente el acervo de la lengua no sólo descubre la disponibilidad sorprendentemente activa de las correlaciones puramente semánticas, sino también la de las categorías de las clases de palabras y de los cuños morfológicos, como un espectro de las prefiguraciones virtualmente incoadas, en un juego más o menos optativo en cada caso, para tomar tales o cuales «valores de campo» (Bühler) en cada construcción sintáctica concreta. Pero, si bien se mira, nada podría ser menos sorprendente que tal constatación; antes por el contrario, lo verdaderamente sorprendente e incluso incomprensible sería que el hombre pudiese ni tan siquiera hablar, pensar, oír y entender si el acervo de la lengua estuviese en su mente como están las palabras en el diccionario. ¿Podría yo ni tan siquiera darle a la mente una orden tan sencilla como: «A ver, ¡Colores! ¡que se presenten inmediatamente!»? Dicho de modo tan perentorio y tan castrense, no hay duda de que serían bastantes los que tardasen en acudir al patio de armas, pero que sólo apareciesen al instante siete u ocho no puede asombrar a nadie y sería, en cambio, un milagro absolutamente portentoso si la cabeza fuese un diccionario. Para hacer valer la idea de la anáfora, maguer sea metafóricamente violentada y con todas las diferencias y reservas que es preciso interponer, con alguna tan siquiera aproximada utilidad para ilustrar la función del artículo determinado en la mención de universales sólo puede añadirse a lo ya dicho la circunstancia de que el acervo de las palabras de la lengua está ya, por definición, puesto en escena, dado que el «acto intencional» —en expresión de Husserl— de la mención universal remite, a modo de reflexión total sobre la lengua misma y apunta a lo que el nombre nombra por sí solo, a su pura «comprensión» desnuda e independiente de contexto alguno, tal como está la palabra «en el pensar» *como disposición* y *a disposición*, a tenor de aquellas palabras de Parménides: «Las cosas ausentes están, en el pensar, con más firmeza presentes». El estar ya en escena de lo mentado con el artículo «el», y tanto más en la mención de universales, se manifiesta más rotundamente por el contraste con la mención con el artículo «un», en cuanto que la función de éste es justamente la de *poner en escena*. Finalmente, empecinándose en hacer de la figura de la anáfora un instrumento metafóricamente útil para entender la función del artículo determinado en la mención de universales habría que perpetrar tan extremosa contradictio in terminis como la de decir que la mención de universales equivale a la «anáfora absoluta»; no por

ser un contrasentido capital deja de ser, por lo que creo,
una metáfora ilustrativamente útil.

Así que, volviendo al caso comentado, si, tal como indica el artículo «la», «la creciente legión de quienes trabajan
a esas horas» ya está puesta en escena, ya está presente, ya
está ahí, o, más lacónicamente, ya *está*, su mención ha entra-
do precisamente en la jurisdicción del verbo blanco «estar»;
en una palabra, que donde Don Fernando dice «hay» no
dice «hay», que dice «está». Recuérdese cómo, al igual que
el verbo «haber» en sus funciones de traspunte, rechaza el
artículo determinado, el verbo blanco «estar» rechaza, a su
vez, recíprocamente, el indeterminado.

§ 8. *(La ley del número).* Hay, sin embargo, un tipo de construcciones en las que «hay» o «había» juegan, sin la menor
ofensa del oído, con el artículo determinado. Por ejemplo, a la pregunta «¿Sigue habiendo gramáticos en Castilla?» es totalmente correcto contestar: «Hay los que había»
o «Ya no hay los que había». Pues bien, auscúltense muy
atentamente estas respuestas y se verá enseguida que no
admiten una interpretación de identidad (los mismos individuos) ni de cualidad o calidad (tan buenos como aqué-
llos), sino que imponen, como única interpretación gramaticalmente plausible, la de cantidad (en este caso, número):
«Hay/ya no hay *tantos* como antes».Y en este punto huelga recordar que la diferencia entre la determinación de
cantidad o de número y las determinaciones de identidad
y de cualidad es que el número no es distribuible: cuando decimos «nueve sastres», nueve son todos juntos, cada

uno de ellos no lo es. La única determinación que hace
que de un número —sea de peras o manzanas o de sastres o gramáticos— podamos decir que sigue siendo «el
mismo» o que ya es «otro» es la coordinación biunívo-
ca: si veinticuatro eran los gramáticos que había antes y
veinticuatro son los que hay ahora decimos que sigue
habiendo el mismo número de ellos o que «hay los (mismos) que había». Pero, dentro del número, cada uno de
ellos es fungible con respecto a cualquier otro o reem-
plazable por un nuevo venido y permanece, por tanto,
totalmente indeterminado en cuanto a identidad y cualidad. Dicho de otra manera: lo que al decir «hay los que
había» estamos diciendo es que hay el mismo número
de plazas o de lugares vacíos de gramáticos ocupados, aunque muchos —o ninguno— de los que *estaban* ya no *estén*.
Una explicación, o más bien ilustración probablemente
ad hoc, de lo que pasa en la situación gramatical de *«hay»*
+ *«el»*, podría ser la de que responde a una especie de competencia entre la determinación de número y la indeter-
minación de identidad y de cualidad, que se resolvería en
un acuerdo a tenor del cual el número —determinado—
se queda con la pieza «el» y la identidad y la cualidad
—indeterminadas— con la pieza «hay».

En fin, ¿acaso no sufre ya bastante el verbo «haber»,
en sus funciones de traspunte, con el bombardeo que recibe de las repúblicas criollas por el costado de babor y de
los catalanoparlantes por el de estribor («Habían cinco
gramáticos». ¡Virgen santísima: «habían cinco gramáticos»!), como para que un académico no cuide al menos

«hay» como oro en paño, guardándose de deslices del tipo
«hay la creciente legión»? Ya sé que podrían alegárseme
precedentes, aunque tan sólo quizá del siglo xx; por mi
parte, creo recordar haber leído semejante construcción
en algún texto de Ortega y en los de otros autores de la
misma época de cuyo nombre no me acuerdo ahora, pero
una golondrina, ni dos ni tres ni cuatro –ni menos todavía un golondrón–, no hace verano.

§ 9. *(Post scriptum).* Ya metidas en pruebas de imprenta
estas páginas, he aquí que sobreviene una grata sorpresa:
la de que el buen ejemplo y la enmienda me lleguen de
la misma pluma de la que vinieron el mal ejemplo y el
pecado. En efecto, en *El País* del 7 de noviembre de 1999
me encuentro con un artículo del propio don Fernando
Lázaro Carreter, titulado «Calcinar», en el que leo la
siguiente frase: «Están, como perfección última, las series
indígenas, habladas pavorosamente por abundantes acto-
res». Comoquiera que es imposible que Don Fernando
haya podido adivinar lo que aquí se iba a decir del caso,
doblada es la satisfacción con que mi oído se recrea en el
afinado acorde de ese «están las», por la fuerza de convic-
ción que le añade el haber salido *espontáneamente* de la
misma flauta de la que en marzo salió el horrísono «hay
la» que aquí se le ha afeado. Al ser él mismo el autor del
pecado y del acto de virtud, Don Fernando se encuentra
en una posición excepcionalmente privilegiada para aus-
cultar «desde dentro», aperceptivamente, la moción verbal que ha podido llevarle en cada caso a uno u otro lugar

y oír con nitidez la diferencia entre ambos lances, que, por mi parte, me atrevo a interpretar de esta manera: en marzo el apresuramiento de la pluma se anticipó a la Lengua, atropellando *ad sensum* su autóctona y autónoma ley formal; en noviembre el sentido de tal «querer decir» determinado se ha demorado en los puntos de la pluma el instante infinitesimal (aquí la fórmula temporal es metafórica) que basta para que la impersonal voz de la Lengua —o, si se quiere, del Intelecto Agente—, al hálito de la gracia divina, semejante, dulcemente le sople en el oído cuajando el acto intencional de tal decir conforme a su observancia.

II. Los adverbiales tristes

§ 10. *(Varrón y César).* Vengamos ahora al pasaje del mismo artículo en el que están las otras dos cosas que quería comentar. Hablando del plural en las fórmulas castellanas del saludo, dice lo siguiente: «Se trata, por cierto, de un plural muy curioso y frecuente en español [entiérdase "castellano"]. Aparece en las *buenas noches* (o *días* o *tardes*), en las *Pascuas* felices (nadie piensa que son tres) o en las *Navidades*; también en muchas formaciones *semánticamente audaces* o *morfológicamente raras* [esta última cursiva es mía] (*cantamañanas, pintamonas, ablandahígos, a sabiendas, de mentirijillas, entendederas, parar mientes…*: ¡son tantas!). Y en general, ayuda a constituir idiomáticas *anómalas* [cursiva mía], es decir, *creadas fuera de las normas comunes de nuestro siste-*

ma [última cursiva mía], y a incrustarlas, por su faz singular, en la memoria del hablante». De los ejemplos que Don
Fernando encierra en el paréntesis, los que me importan
aquí son los tres primeros, por una parte, y el cuarto, por
la otra. El que él mismo ponga en juego la palabra «anómalas» me da ocasión para valerme de una cosa que él sabe,
sin duda, mucho mejor que yo: en el siglo I a. C. había en
Roma dos escuelas gramaticales dominantes: la de los «ano-
malistas», cuyo escoliarca era el gran Varrón, Marco Teren-
cio Varrón Lúculo, del que, por falta de lecturas, no puedo
opinar en cuanto estoico ilustre, pero sí en cuanto ilustrí-
simo gramático, pues hace más de treinta años pude conocer las admirables páginas que han llegado hasta nosotros;
y la de los «analogistas», cuyo escoliarca —no sabemos si
más por ajena adulación que por mérito propio— era Julio
César, del que como gramático no ha sobrevivido más que
el título de un tratado, *De analogia*. Varrón y César no sólo
fueron rivales en las letras sino también enemigos en las
armas. Por César y sus hechos tampoco es que sienta yo
precisamente lo que se dice una gran simpatía, pero, siempre a reserva de las tal vez muy relevantes mutaciones que
en dos mil años haya podido sufrir la aplicación a la lingüística de la noción de «analogía», aquí no puedo por
menos que decantarme por la facción «analogista», tal
como entiendo yo hoy esta palabra.

§ 11. *(Lex Iulia Analogiae Denuo Instituta)*. Para ilustrar el
principio y fundamento de esta Lex Iulia Analogiae Denuo
Instituta —o «aggiornata», como diría un periodista—, diré

que no hay que lamentar, sino que celebrar que un niño diga «ponido» y «rompido», a despecho de no haber oído nunca más que «puesto» y «roto». Con ello manifiesta que el sistema formal de construcción lingüística está ya sólidamente arraigado en sus entendederas con una fuerza de producción lo suficientemente autónoma como para no oír o, más literalmente, «hacer oídos sordos» a anomalías (pues lo «anómalo» de ciertas formas también puede ser efecto de un estado de recesión en la sincronía, dentro de la rivalidad diacrónica —si se me admite la metáfora biológica— entre «rasgos dominantes» y «rasgos recesivos») como esta del llamado «participio débil» frente al llamado «participio fuerte». La gran fuerza mental formalizadora, reguladora y estructuradora de las lenguas humanas, y tanto en la filogénesis como en la ontogénesis, no es otra que el impulso de la analogía. Tácheselo, si se quiere, de automatismo o hasta de miope ordenancismo burocrático, porque, en efecto, ese carácter tiene en su forma de actuación —pues no se olvide que la lengua es, de las cosas humanas, justamente la más impersonal—, pero está bien lejos de tenerlo en lo que son sus logros. Sin el impulso analógico sería inimaginable que se hubiesen llegado a constituir sistemas tan congruentemente estructurados como los que requiere un organismo con diversos órdenes superpuestos de complejidad creciente y, consiguientemente, de la capacidad discriminante, especificadora, circunstanciadora, explicitante y, en fin, intelectiva y comunicativa como la de las lenguas más desarrolladas. ¿Podría hablarse siquiera de forma o de sistema respecto de una presunta lengua

en la que no imperase más que la anomalía? Vendría a
ser como una especie de cacareo plano, continuo, de un
único piso, como una gran llanura en la que se hubiese
desparramado a voleo, dispersado al azar, toda la hetero-
génea e innumerable muchedumbre de los objetos puestos a la venta en todas las almonedas de este mundo. ¿Sería
eso una lengua? ¿Podrían esos objetos tan siquiera fungir
de semantemas?

Pero antes de adentrarnos por los caminos de la analogía es de justicia hacer honor a la memoria de Varrón
reconociéndole la parte que le corresponde: también la
anomalía tiene su propia actividad en las invenciones de
la lengua. Las de la anomalía se distinguen de modo inconfundible de las de la analogía precisamente porque, por
definición, nunca se configuran con arreglo a un paradigma formal constituido en cuño léxico o cuño morfológico y son, por tanto, productos singulares. He aquí
tres ejemplos de ello en tres compuestos nominales castellanos: «correveidile», «mandamás» y «metomentodo».[5]

§ **12.** *(Teratología)*.Viniendo a la analogía, empezaré por
una distinción: también el «buenas madrugadas» que cri-
tica muy justamente Don Fernando, es un producto de la
analogía: el ingenioso que lo haya inventado se ha fundado en el plural de «buenas noches», etcétera, lo mismo
que si hubiese inventado «buenas albas», «buenos ocasos»

5. Los dos primeros han acabado incluso por tener flexión de número: «los correveidiles» y «los mandamases» y el segundo de ellos, al menos
en Madrid, también de género: «la mandamasa».

o hasta «buenos zenites», o sea aplicando una analogía no sólo *exclusivamente* semántica, sino también—como muy bien explica Don Fernando— errada o abusivamente semántica, para justificar, además, una homogeneización puramente morfológica, como es la del plural en cuestión. Estas analogías de fundamento exclusivamente semántico pueden llegar a producir engendros infundados y de una insoportable necedad, como aquel tan sonado de «alunizar», siendo así que el verbo «aterrizar» (o «tomar tierra») nada tiene que ver con la «Tierra», como nombre del planeta, ni siquiera, en rigor, con «la tierra», como la parte seca de éste, opuesta a la mojada, que llamamos «el mar», sino con la pura superficie de esa parte seca, en inmediato contacto con el aire y donde empieza lo que llamamos «cielo», pero tampoco el cielo de las estrellas y planetas ni el de Dios, sino el de los pájaros, por el que no «se anda» sino que «se vuela» como hacen los aviones; a esa superficie de la parte seca es a lo que se refieren «tomar tierra» y «aterrizar». De esa superficie y nada más, como demuestra el que por debajo de ella empiece lo que se llama hoy «lo subterráneo» (o «el subsuelo»), es de lo que se ha derivado el verbo «aterrizar», o sea de lo que está «a ras de tierra», del «suelo». El que la composición mineral de la superficie de la Luna fuese muy distinta de la de este valle de lágrimas tampoco justificaría que se dejase de llamarla «tierra» en la acepción de «suelo». Algo más de malicia traería la objeción de que sobre la superficie de la Luna no hay, según nos dicen los científicos, ningún aire por el que pudiesen «volar» pájaros y aviones, pero a esto puede res-

ponderse que sí sigue habiendo, en cambio, gravedad y
que, por tanto, un cohete que aterriza en la Luna alcanza, exactamente igual que un aparato «aéreo», un estado
de reposo y de paz, al abandonar el trance de esfuerzo y
de violencia con que lograba mantenerse en alto, en vilo,
contra la fuerza de atracción gravitatoria. La invención del
paleto neologismo «alunizar» se funda en realidad en una
falsa analogía, porque se le ha antojado leer «aterrizar» —sin
duda por las manías de grandeza suscitadas por las «con-
quistas espaciales»— como un derivado de «Tierra» en cuanto nombre del planeta y, consiguientemente opuesto a
«Luna», y no como un derivado de «tierra» en la acepción
de «suelo». Por lo demás, el nombre del planeta tampoco
es etimológicamente el primer significado de la voz «tierra» sino el último. Pero, aparte de estos engendros ana-
lógicos, siempre semántica o pseudosemánticamente motivados, de ciertos calenturientos ingenios individuales
—aunque a veces de un oído lingüístico más fino y más
afortunado que el de los de las «buenas madrugadas» o el
«alunizar»—, están los que son fruto del impersonal talento de la lengua misma, con su incesante actividad analógica, siempre formalizadora y por tanto creadora y pobla-
dora de paradigmas.

§ 13. (*Excurso*). Pero he de pararme de nuevo aquí un
momento para decir que «roto», en cuanto participio débil,
podría ser fruto de una restauración cultista, ya que, como
hacia el siglo XVI se había acuñado y tal vez difundido o
empezado a difundirse el participio fuerte «rompido», aun-

que no puedo dar de ello más testimonio personal que
el del recuerdo de un octosílabo perdido: «rompidas todas
las venas», referido a Jesucristo y, por tanto, perteneciente a una poesía sobre la Pasión. La misma manía cultista
ha restaurado, refitoleramente, «subterráneo» (que acaba
de asomar ahora aquí arriba, como ya antes había aso-
mado el par «roto»/«rompido»), pues la lengua vulgar ya
había acuñado «soterraño», y hay en Olmedo un santua-
rio excavado bajo tierra en que se rinde culto a María
bajo la advocación de Nuestra Señora de la Soterraña. El
primer texto en el que –por cuanto yo pueda saber, que
es poco– se manifiesta de manera consciente y sistemática la manía –o la obsesión– cultista es el *Laberinto de Fortuna* de Juan de Mena, aparecido en 1444, donde se ve una
denodada voluntad no sólo relatinizante, sino también des-
arabizante. En un repaso hecho *in promptu* –y, por lo tanto,
somero y poco escrupuloso– han llegado a saltarme a la
vista sólo dos arabismos (no dudo de que ha de haber
algunos más): «hasta» y «azotar», y una palabra de origen
beréber: «azagaya», si bien en un contexto que la justifica
y, en cierto modo, se la quita de encima: «Algunos de
moros tenidos por buenos / lançan temblando las sus aza-
gayas» (estrofa 179, versos e y f). En cuanto a la restauración latinizante del participio débil en lugar del fuerte,
citaré sólo «ficto» por «fingido»: «si amor es ficto, vanílo-
quo, pigro» (estrofa 113, verso b), aunque bien vemos que
«ficto» no ha tenido éxito. Pero permítaseme añadir al caso
Mena, en lo que a su antiarabismo se refiere, dos sospe-
chas personales mías muy antiguas, una de ellas nunca

corroborada ni tampoco desmentida, la otra, indemos-
trable. La primera atañe a la palabra «gúmina»: «Vi que
las gúminas gressas quebravan/quando las áncoras quis
levantar» (estrofa 165, versos a y b). Al preguntarme a qué
palabra podía estar sustituyendo «gúmina», se me ocurrió
«maroma», que, según Coromines, es de origen árabe.
«Gúmina» pudo tomarlo del catalán «gúmena» o del italiano «gómena», de las que Coromines da, sólo como posible, una etimología griega —supongo que bizantina—; pero
Mena debió de tomarla por voz de origen latino y haber
sacado «gúmina», más fácilmente si hubiese oído a algún
marinero napolitano un supuesto *gómmena* —en el que,
de todos modos, habría que justificar la eme geminada— y
haber deducido que si en Nápoles han sacado «fémmena»
de donde los latinos decían «femina», entonces *gómmena*
ha de venir de «gúmina», también esdrújulo, al igual que
«femina» (ríanse de mí, pero recuerden que por algo este
texto aparece incluido bajo el epígrafe «Diversiones»). La
otra sospecha se refiere a la estrofa 124, en la que habla
de su ciudad natal: «¡Oh flor de saber e de caballería!/Cór-
dova madre, tu fijo perdona/si en los cantares que agora
pregona/non divulgare tu sabiduría;/de sabios valientes
loarte podría/que fueron espejo muy maravilloso:/por
ser de ti misma, seré sosechoso,/dirán que los pinto más
bien que devía». Pues bien, teniendo en cuenta que el
modelo principal y más ilustre del *Laberinto de Fortuna* es
La Divina Commedia y que Dante no tiene ningún reparo en «salvar» a Averroes (a despecho de que Tomás de
Aquino —muerto cuando él tenía unos nueve años—, tras

saquearlo a mansalva, lo hubiese condenado como «sceleratissimus»), poniéndolo en el limbo de los justos:

> «... Tullio e Lino e Seneca morale;
> Euclide geomètra e Tolomeo,
> Ippocrate, Avicenna e Galïeno.
> Averroïs, che il gran comento feo»

(Inferno, canto IV, vv. 141–144), donde se ve cómo nombra a dos mahometanos, Avicena y Averroes, y a dos cordobeses, Séneca y Averroes, ¿sería excesivamente malicioso pensar que la estrofa dedicada a Córdoba no es sino un elegante ardid, una salida habilidosa, para disimular su rechazo ante la idea de proferir, conforme debía de sentirse presionado o hasta casi obligado por el precedente de su modelo Dante, junto al nombre de Séneca, el nombre de Averroes, de suerte que acabase prefiriendo renunciar a mentar el del primero a cambio de no mentar el del segundo?

§ 14. *(El cuño morfológico)*. Entre los paradigmas que son fruto del gran árbol de la analogía están los que llamaré «cuños léxicos» (matrices formales para la construcción de compuestos) y los que llamaré «cuños morfológicos». Éstos se distinguen de los resortes sintácticos en que no son libre e indefinidamente extensibles a cualquier semantema (y en tal sentido pueden aparecer, además, como sincrónicamente improductivos). Baste una ilustración: «con riesgo de caerse» o «no sin riesgo de caerse» son construcciones sintácticas, al igual que «con (no sin) peligro de caerse»; tomemos ahora la preposición «a», que es un gran formador de cuños morfológicos con función adverbial, por ejemplo, «a riesgo de»; no creo arriesgado o peligroso decir que «riesgo» y «peligro» valen preponderantemente por sinónimos; pues bien, he aquí que «a riesgo de caerse» suena a perfecto castellano, mientras que al oído menos refinado le chirriará como tiza en pizarra no lavada *a peligro de caerse*. Eliminada por la sinonimia toda posible colisión semántica (ya se ha visto, por ejemplo, cómo la sonrojante necedad de «alunizar» se debía justamente a una colisión semántica con «aterrizar»), si no estuviésemos ante un cuño morfológico sino ante una construcción sintáctica, la última palabra que osaría negarse a reemplazar a «riesgo» no sería sino «peligro», y ya ha podido apreciarse hasta qué punto se niega. En esto me he fundado para hablar de «cuños morfológicos», dado que, a diferencia de «con (no sin)[6] riesgo (peligro) de caerse», entran a ejercer funciones adverbiales en la construcción sintáctica *ya morfológicamente acuñados de antemano*, tal como si perteneciesen a la *clase de palabras* que llamamos «adverbio».

§ 15. *(Justificación terminológica)*. El que se hable de «cuños morfológicos» respecto de los adverbiales tristes y de «cuños léxicos» respecto de los compuestos nominales de verbo + complemento directo responde a lo siguiente: el cuño morfológico acuña sólo la función de un seman-

6. (Cierto, algún, no poco, muchísimo, grave, gravísimo, etc.)

tema, no le añade en principio ningún nuevo momento semántico. En latín es frecuente que ciertos adjetivos queden facultados para fungir de adverbios con la flexión de ablativo y a menudo ejerciendo la doble función, por ejemplo, de «rectus», «rectē»: «In illo tempore non erat rex in Israël et unusquisque quod sibi rectē uidebatur hoc faciebat» (Vulgata, Jueces 21, 25), sin perjuicio de que haya también morfemas adverbiales específicos, como el que desde el adjetivo «vehemens» forma el adverbio «vehementer». Por lo demás, pueden darse también funciones sin forma –sin morfema–, como es el caso de los que los gramáticos aficionados llaman «superlativos funcionales», en razón de la regla que les prohíbe jugar en la frase precedidos por el adverbio «muy» o acuñados por el morfema «-ísimo», lo cual demuestra que ya traen de por sí, «léxicamente», el «valor de campo» (K. Bühler) de superlativos, sin perjuicio de que los siempre retóricos e hiperbólicos hablantes sevillanos se recreen lúdicamente en enfatizar: «una cossa muy estupendíssima», ya que «estupendo» es en principio un superlativo funcional, tal como lo es «eterno», aunque un carpintero amigo mío, entendiéndolo como un adjetivo en grado llano, equivalente, en este caso, a «duradero», solía decir: «El roble [la madera de] es muy eterno», o bien: «Si se hace de haya es más eterno que de pino». Pero, siempre en este sentido funcional, también hay verbos superlativos (que no podrían, evidentemente, serlo más que funcionales, ya que el verbo carece de la categoría de gradación y sus morfemas) reconocibles porque, al igual que los adjetivos que no admiten «muy», rechazan «mucho», como «adorar»: *Te adoro mucho*. Y más curioso todavía resulta el hecho de que estos superlativos funcionales se ordenen a veces, a su vez, en una gradación, por así decirlo, *superfetatoria:* en una peque-ña encuesta que hice entre unos pocos amigos castella-noparlantes, todos coincidieron sin vacilar en esta grada-ción: «te quiero» (que no es superlativo)–«te adoro»–«te idolatro» (lo que me recordó, por cierto, aquella pinto-resca gradación teológica del culto que se debía, respec-tivamente, a los santos, a María y a Dios: «dulía», «hiper-dulía» y «latría»); ninguno de los encuestados invirtió esta gradación, haciendo «te adoro», *más* que «te idolatro». En un antiguo ensayo inédito sobre el adjetivo –titulado «*Guapo* y sus isótopos»– se me antojaba haber descubier-to, a partir de unos cuantos ejemplos de tríadas tanto de verbos como de adjetivos, que el impersonal talento de la lengua, al establecer este tipo de gradaciones funcionales superfetatorias, tendía a suplir la ausencia de morfemas recurriendo al expediente retórico del crescendo: al lan-zarse un hablante a expresar las inclinaciones afectivas que le suscita una cosa o una persona puede librarse al recur-so efusivo y encarecedor de la repetición de una palabra: «¡Precioso, precioso, precioso!» «¡Te quiero, te quiero, te quiero!», donde la curva melódica traza a menudo una escala en crescendo a lo largo de los tres golpes sucesivos. Es un recurso retórico tan antiguo como la lengua misma. Pero ¿qué pasa si este crescendo decide complementarse con lo que los retóricos latinos llamaban la «uariatio», con-sistente en hacer relevarse una palabra con otra u otras sinónimas o puestas en juego bajo suposición de sinonimia? No otra cosa es la que puede verse, con toda nitidez, en el crescendo «¡Te quiero, te adoro, te idolatro!», o en este otro: «¡Precioso, espléndido, maravilloso!»; y he aquí que el impersonal talento de la lengua les ha soplado en el oído a los hablantes —no hace falta un retórico de escuela, basta el más inocente y espontáneo hablante de la lengua común—, sin que ellos lo advirtieran, el recurso expresivo de ordenar la sucesión de esas ternas de palabras con arreglo a otro criterio de crescendo, que ha acabado por fijarlas en el léxico de modo permanente según la misma, invariable, gradación: el del número de sílabas, 2-3-4 o 3-4-5 en los ejemplos propuestos. Dejando aparte el bisílabo «querer», de «te quiero», por ser de grado llano, y que correspondería por tanto al culto de «dulía», que debemos a los santos, «te adoro», que correspondería, por su parte, al de «hiperdulía», que debemos a Nuestra Señora, es necesariamente *menos* —inferior en grado— que «te idolatro», correspondiente, a su vez, al culto de «latría», que debemos sólo a Dios, no ya por el parentesco etimológico entre «latría» e «idolatrar», que aquí es tan irrelevante como un puro azar, sino por ser «adorar» e «idolatrar» trisílabo y tetrasílabo, respectivamente. El orden en crescendo de la sucesión trisílabo-tetrasílabo-pentasílabo es el que determina, por su parte, la gradación escalar de la tríada «precioso»-«espléndido»-«maravilloso».

El designar, en cambio, como «cuños léxicos» los que rigen la acuñación de compuestos como los compuestos nominales de verbo + complemento directo, de los que

aquí se va a tratar, responde al hecho de que estén formados por dos semantemas, dos «pulsaciones significativas»,
en palabras de Husserl, o sea «cuando hay una composición con partes que tengan, a su vez, ellas mismas, el carácter de significaciones (citado por Karl Bühler, *Teoría del lenguaje*, cap. IV, § 19, n.º 1); si se mantiene la palabra «cuño»
es porque se va a tratar de compuestos que no son simples
arrejuntamientos de hecho entre semantemas, así de cualquier manera, como los que podría producir la anomalía,
sino matrimonios como Dios manda, fijados y configu-
rados con arreglo a los cánones formales de un paradigma
suficientemente constante y bien determinado, como es
propio de cuanto es generado bajo la actividad, siempre
regularizadora, de la analogía. El carácter de «cuño», en el
sentido formal y formalizador con que se aplica la palabra
al hablar de «cuños léxicos», puede ilustrarse, aparte de
los compuestos nominales de los que aquí se va a tratar,
con el ejemplo de otro tipo de compuestos como el que
abarca a «ojinegro», «pasilargo» (como «el caballo del señor
Cervantes», en aquella despedida inolvidable) o el fuerte-
mente metafórico «manirroto»; un hermosísimo cuño léxico, especialmente fecundo en castellano, rigurosamente
formalizado, acuñador de compuestos, esta vez no compuestos nominales con un miembro verbal y otro nominal,
sino compuestos adjetivos y con un miembro nominal y
otro adjetivo, cuya regla formal consiste, además de esa procedencia léxica de cada componente, en el orden de sucesión sustantivo-adjetivo y en el singular morfema «i» como
sufijo de la raíz del miembro nominal.

§ 16. *(A + femenino plural).* Dentro del género de estos cuños morfológicos con función adverbial y preposición «a» está la especie que se sujeta al cuño *«a»* + *femenino plural.* Es la vieja y acrisolada familia castellana, poco numerosa y sin duda melancólica y sufriente, pero llena de dignidad gramatical, vulgarmente conocida con el nombre de «los adverbiales tristes», ya que casi todos sus miembros lo son. Baste esta muestra de los más frecuentes: «a oscuras», «a ciegas», «a solas», «a secas», «a medias», «a escondidas», «a osadas» (hoy fenecido, pero todavía presente al menos en *La Celestina*), «a tientas», «a gachas», «a rastras», «a hurtadillas», «a gatas» y los geminados «a tontas y a locas» o, ya metido en pura artificiería barroca, «a trancas y barrancas». ¿Dirá todavía Don Fernando que el plural de «a sabiendas» tiene algo que ver con el de «buenos días» y que la pieza es un producto espurio de la *anomalía* «creado fuera de las normas comunes de nuestro sistema» y no un producto de la *analogía* que, aunque patonómicamente haga excepción en cuanto al rasgo de tristeza, fisonómicamente declara de manera inconfundible su pertenencia a la familia de los adverbiales tristes, pues no hay que fijarse sólo en que el miembro semántico venga en plural, sino específicamente en femenino plural?

§ 17. *(Tipología y exégesis).* Coromines documenta «a sabiendas» en el *Libro de Apolonio* y en *El conde Lucanor*, bajo el epígrafe SABER, de donde indudablemente se deriva; sin embargo, visto que, tal como puede observarse en mis ejemplos, las matrices semánticas más frecuentes pertenecen a las clases de palabras *adjetivo* o *participio pasivo-pasado* («a escondidas», «a osadas», «a hurtadillas»), viniendo de «saber», lo esperable habría sido *a sabidas* —del participio pasivo-pasado «sabido»—, pero ese «en» que se mete de por medio («sabi-*en*-das») no nos deja más que el gerundio «sabiendo» o el participio activo-presente «sabiente». Este último también lo documenta Coromines, en Berceo y en el Arcipreste de Hita, pero es prácticamente descartable que «a sabiendas» pueda haberse sacado de él, por dos inconvenientes: 1.°), porque siendo, como todo participio activo-presente, epiceno, harto duro de pensar parece que se hubiese plegado a someterse a un femenino, y 2.°), porque el clásico grupo consonántico «ni-tau», tan característico de las lenguas *Centum*, hace al fonema T especialmente resistente frente a los asaltos de la sonorización (como no sea, naturalmente, en Nápoles, donde sonorizarían hasta las matracas de Semana Santa; y justamente la sonorización del fonema T en el grupo consonántico *ni-tau* podría tomarse como test diferencial frente al ya bastante sonorizante romanesco, que por «quattrini» y «mattina» dice «quadrini» y «madina» —Gioacchino Belli—, pero ante «niente» se detiene en «gnente» —Gioacchino Belli—, mientras que los napolitanos sonorizan «gnende»). Así que la única hipótesis viable que nos queda sobre de dónde derivar directamente «a sabiendas» no parece que sea más que la del gerundio. Sólo *hipótesis*, digo, tal vez errada y, en todo caso, con dificultades que habría que resolver. Por otra parte, tampoco responde al tipo digamos «puro», como, por ejemplo, «a ciegas», que no admite ningún determinante relativizador, sino al tipo de «a escondidas», que puede ser absoluto: «las maldades que urdimos a escondidas», o relativo: «hipotecó la hacienda familiar a escondidas de su mujer y de sus hijos»; lo mismo con «a sabiendas»: «pignoró las joyas de la familia a escondidas de su marido pero a sabiendas de sus hijos»; cuando «a sabiendas» funciona como el tipo puro, sin determinante relativizador, cambia de orientación, revolviéndose reflexivamente sobre el propio agente: a sabiendas él mismo de lo que hace y de sus consecuencias, o sea de intento y a ciencia y conciencia: «lo has hecho a sabiendas, sin que te importase el perjuicio que acarreabas a toda tu familia».

De ser cierta la hipótesis de que «a sabiendas» —que, en última instancia, remite sin duda a la raíz semántica «saber»— es una derivación directa de la forma de gerundio —«sabiendo»—, el caso no sería, a mi entender, sino una prueba más de la gran fuerza de la analogía en lo que atañe al cuño morfológico en cuestión, ya que el gerundio vendría a aumentar la diversidad de las matrices formales o «clases de palabras» inmediatas de donde pueden derivarse los miembros que entran a formar parte de nuestra melancólica familia. De esas matrices formales de derivación *directa*, ya se ha visto cómo la clase de palabras *adjetivo* era, sin discusión, la dominante, pero consideremos algunas otras que no lo son. «A tientas», por ejemplo, viene a sustituir y casi hacer desaparecer el preexistente «a tiento», adverbial semánticamente no del todo equivalente, pues cubre también valores como «a ojo de buen cubero», que no cubre «a tientas», pero sí, al parecer, todos los que éste abarca. Con todo, la casi total sustitución pudo deberse —si se me admite decirlo con metáfora tomada de la ciencia de la Física— a que «a tiento» se acercó tan peligrosamente al campo gravitatorio-analógico del cuño *«a»* + *femenino plural*, que acabó siendo atraído y asimilado a la familia; pero esto tal vez sea, por mi parte, una interpretación un tanto *ad hoc*. Por otra parte, «tiento» se usa todavía en Extremadura como sustantivo en la expresión «dar un tiento»; y en boca de un extremeño justamente nos la pone, en su *Conquista de la Nueva España*, Bernal Díaz del Castillo, al evocar en estilo directo estas palabras que, dirigiéndose al capellán fray Bartolomé de Olmedo, dice el propio Hernán Cortés: «Paréceme, señor padre, que será bien que demos un tiento a Moctezuma sobre que nos deje hacer aquí nuestra iglesia» (y con «aquí» quería decir nada menos que en todo lo alto del teocalli). De modo, pues, que si a tenor de la expresión «dar un tiento», «tiento» parece haber pertenecido siempre a la clase de palabras *sustantivo*, he aquí que ya tenemos otra matriz formal para la derivación directa de los adverbiales tristes: el sustantivo, que vendría a sumarse al adjetivo, al participio pasivo-pasado y —con las reservas debidas al carácter todavía hipotético de la matriz formal directa considerada como la más plausible para derivar «a sabiendas»— al gerundio. Otro de nuestros adverbiales tristes derivado de una matriz formal de la clase de palabras *sustantivo* es «a rastras», mejor derivado del masculino «rastro», si se piensa en que «moverse a rastras» es avanzar reptando, y mejor del femenino «rastra», si se piensa en que «ir a rastras» es ser llevado por otro en pos de sí, más o menos de grado o a la fuerza; en la jerga de los comerciantes de ganado «una yegua con la rastra» significa una yegua parida con el potro. Y en lo que atañe al adverbial «a gatas», sería tal vez buscarle cinco pies al gato o como un si es no es artificioso o rebuscado ponerse a sospechar que bien podría derivarse de otra matriz formal —o hasta de otra raíz semántica— que no fuese el sustantivo «gato», ya que solía ser animal que andaba como según el enigma de la Esfinge de Tebas andan los hombres en su más tierna infancia.

§ 18. *(Un hijo conflictivo).* «A gachas», finalmente, aunque no ofrezca resistencia alguna para dejarse limpiamente derivar del adjetivo —o participio— «gacho», sí que se ve, como en contrapartida de que esta matriz formal directa sea «cuestión pacífica», como diría un jurista, rodeado, en lo demás, por todo un campo de Agramante de incertidumbres etimológicas, semejanzas fonéticas, que para unos son homofonías o contaminaciones y para otros sospechosos indicios de un parentesco originario, y convergencias no poco pintorescas, que provocan chisporroteantes cortocircuitos fonético-semánticos entre el principio de causalidad y la anomia de las casualidades. Ya al decir aquí arriba «adjetivo o participio» he anticipado la opinión de Coromines, que inscribe «gacho» entre los derivados de AGACHAR, verbo del que propone sólo como más probable, pero no como segura, la etimología latina «coactare», rebatiendo después el

parecer de los que quieren derivar «gacho» directamente
de «coactus», aportando argumentos de frecuencia, de cronología y de fonética histórica, para decir que si «gacho»
y «agachar» o «acachar» tienen que ver con la raíz «coactare», lo primero tiene que haber sido el verbo: «*gacho* ha
de ser adjetivo postverbal y no el primitivo del cual deriva *agachar*». Pero un adjetivo postverbal tiene que ser, de
partida, un participio; en las versiones del *Calila e Dimna*
más fiables para Coromines aparecen indistintamente «agachado» y «acachado», y en las palabras de su diccionario
hay como un tácito reproche a la edición de Gayangos
que lo unifica todo en «agachado», a la vez que en el glo-
sario para esos mismos lugares de aparición del participio
da «gachado», suprimiendo el preverbo. Pero, sea de ello
lo que fuere, parece que el resultado no podría ser otro
que el de que «agachar» o «acachar» habría dado a luz dos
participios, uno débil: «cacho» o «gacho», y otro fuerte,
también con la variación sorda / sonora: «acachado» o
«(a)gachado». Sin embargo, por la cronología que aporta
Coromines, no hay garantía alguna, sino más bien todo lo
contrario, de que el débil sea el más antiguo de los dos,
ni tampoco puede pensarse en una restauración cultista,
como la de «ficto» (véase más arriba, p.35), ya que en tal
caso la che de «cacho» y «gacho», habría sido restituida al
grupo consonántico latino «ct», del que regularmente suele
proceder. Con todo, «gacho» conserva hoy poquísima
vigencia en castellano; sólo tres recurrencias que así de
pronto se me vengan a las mientes: dos, con función de
participio, en los estereotipos «con la cabeza gacha» y «con

las orejas gachas», esta segunda poniendo en danza al perro o a la liebre por mediador de la metáfora, y la tercera fungiendo de determinante en el compuesto adjetivo de la jerga taurina —por no decir, taurómana, tauromaníaca o hasta taurópata o tauropatética— «cornigacho». Pero ¿qué ingenio deliberado podría haber urdido el que, rodeando por una seguramente azarosa homofonía —valga la redundancia—, el adjetivo usado para cualificar un toro con las astas tendentes hacia abajo: «cornigacho», que también podría haber tomado la variante sorda, *cornicacho*, entrase en tan extraordinaria colisión con el adjetivo usado para cualificar un arma blanca con la empuñadura de asta de toro? Pues, en efecto, la palabra más ferozmente eficaz, ya por su propio sonido y tanto más por la doble aliteración entre nombre y atributo en la que juega, de la exsecratio con que, en el romance de las Juras de Santa Gadea, Rodrigo Díaz de Vivar conmina al rey Alfonso para «ponerle espanto» hasta arrancarle la verdad: «con cuchillos cachicuernos / no con puñales dorados» resulta ser un compuesto adjetivo exactamente inverso del taurino «cornigacho», que bien podría haber sido *cornicacho*. Para «cacha», que forma el primer miembro del compuesto «cachicuerno», Coromines da una etimología que nada tiene que ver con la del segundo miembro del compuesto «cornigacho», aunque, por lo demás, si es que todo hay que decirlo, tampoco podían faltar mentes libidinosas o gorrinas que habilitasen el plural, o más bien dual, de «cacha»: «las cachas», para designar las nalgas de las personas decentes.

Pero no paran aquí las colisiones entre «cacho» o «cacha» con los significados de «asta» o «cuerno». Bajo el epígrafe CACHO III, Coromines registra la palabra «cacho», al parecer extendida en toda América justamente con el significado de «cuerno»: «de origen incierto –dice–, probablemente de CACHO (I) en el sentido de «cacharro», por el empleo que se hacía de cuernos huecos [supongo que de asta de toro] como vasijas para llevar líquidos». Después, en el desarrollo del epígrafe, tras consignar diversas conjeturas de otros autores, considera la de «cacho» –con el significado de «cacharro»– como la que «hoy por hoy parece más verosímil» y, entre otras observaciones en apoyo de ella, dice: «también debemos tener en cuenta que *cacho* y *cacha* se emplean en varios países americanos para "vasos de cuerno"».

§ 19. *(La ley de la metonimia).* La objeción que, a mi juicio, hay que oponer a semejante conjetura nada tiene que ver con la jurisdicción en la que pocos podrían alcanzar tanta sabiduría y experiencia como Coromines; procede de los principios constructivos generales de la lengua misma, concretamente de la regla del sentido del movimiento de la metonimia y aquí, específicamente, de la metonimia que corre entre una cosa y el material de que está hecha; y tanto da que se piense en metonimias como deliberadas figuras literarias inventadas por un ingenio personal o como formas surgidas del impersonal talento de la lengua en la generación de derivados léxicos. Pues bien –y me hago responsable de esta regla, sometiéndome por tanto a cualquier instancia superior de apelación o impugnación–, en uno u otro caso el sentido del movimiento metonímico es siempre único y el mismo: la estación de partida es la materia prima, la de llegada es la cosa que con ella se haya hecho. En una tópica metonimia literaria, como la de reemplazar las palabras «puñal», «espada», etcétera, con la palabra «acero», la figura procede retrospectivamente, de la cosa, que es lo derivado, al material de que está hecha, que es lo originario; resulta inimaginable que alguien llamase «espada» a un bloque de hierro en bruto. En una metonimia lingüística de generación léxica, como la de que en francés la palabra «argent» haya llegado a tomar el significado de «dinero» porque de plata, «argent», estaban hechas, en los tiempos que fuere, las monedas idealmente tomadas por paradigma del dinero, pasa lo mismo; jamás la plata habría podido tomar nombre de una moneda, ni siquiera del nombre genérico «monnaie». No lleve a confusión el que la metonimia literaria que sustituye «espada» por «acero» se mueva en sentido inverso al de la regla, pues lo que cuenta es que el acero sigue estando ahí atrás siempre dispuesto a que la espada pueda en cualquier momento dejarse representar por su nombre. Para poner en conexión esta metonimia literaria con el caso de «argent» baste considerar cómo hay, o al menos había, en Norteamérica cierta moneda fraccionaria, no sé de qué valor, que suele o solía designarse vulgarmente como «un níquel», porque ése es o era el metal con que se acuña o acuñaba. De manera que en los tres ejemplos puestos: el de «acero», el de «argent» y el de «un níquel», se mantiene la regla del sentido único en que se mueve la metonimia entre el material y su producto: la materia prima es lo metonímicamente nominante y la cosa hecha con ella lo nominado. A los flejes con los que antaño se armaban los corsés se los designaba con el nombre de «ballenas» porque solían hacerse con barbas de ballena, y aún después, cuando empezaran a hacerse con otro material, es sumamente probable que conservaran, al menos por un tiempo, el nombre viejo. Eso ha pasado, y en este caso para siempre, con el nombre de cualquier instrumento de escribir que funcione con tinta: sigue llamándose «pluma», aunque ya no esté hecho con una pluma de ganso. La palabra «edredón», que por la perfecta castellanización nadie sospecharía que es una importación del sueco «eiderdun», o sea «plumón del eider», pues con ese plumón, importado de Suecia, probablemente a partir del siglo XVII, se rellenaba el cobertor de cama que aún hoy, con cualquier otro relleno, sigue llamándose «edredón»; y el «eider» es el gran ganso sueco sobre el que Selma Lagerlöff hizo pasearse al niño Nils Holgersson por todo aquel país. Imaginémonos ahora, como un puro supuesto elucubrado *ad hoc*, que los helenos de los tiempos más remotos no supiesen todavía nada del elefante y conociesen el marfil no en la forma de colmillo ni en pedazos, sino tan sólo en figuritas o en joyeles totalmente labrados, traídos a la Hélade y puestos a la venta por ejemplo por «los ávidos fenicios que en sus negros bajeles llevan mil fruslerías», y que el nombre de «élephas», voz de origen semita con que el griego clásico designaba indistintamente el marfil y el elefante, hubiese significado, en aquel primer tiempo imaginario, únicamente el material con el que estaban hechas aquellas «fruslerías», o aun designase simplemente aquel concreto «género», en el sentido en que se dice de esta o la otra clase de producto hecho objeto de transacciones comerciales, y que, más tarde, cuando por fin llegaran a conocer al elefante mismo, hubiesen habilitado espontáneamente la palabra «élephas» para dar nombre al propio animal; estaríamos entonces ante un caso en el que se habría infringido la regla del sentido del movimiento de la metonimia, pues, en efecto, la palabra 'élephas' se habría desplazado, estrictamente hablando, desde el producto elaborado a la materia prima de la que procede. ¡Demasiado estrictamente hablando!, hay que decir, ya que tal vez tan sólo a la brutal mirada de un «creador de riqueza» de nuestros días podría aparecer como «materia prima» un hermosísimo animal, orgánicamente configurado en grado tan complejo, dotado de tantos sentidos como el hombre y con tan amplia capacidad de movimiento, de recursos, de acción y de reacción, como el elefante. Aquí difícilmente cabría considerar las figuritas de marfil labrado o el marfil mismo como la cosa producida y el elefante como el material en bruto. Pero éste era tan sólo un ejemplo imaginario, hay otro análogo sacado de la lengua real: en algunas partes de Aragón la palabra «tocino» es empleada para designar al cerdo vivo; digo lo mismo y aún con mayor énfasis: ¿cómo no ver las homogéneas y casi informes piezas de tocino como el material inerte y el cerdo vivo como el ser configurado?, o tal como un amigo, familiarizado con el hylemorfismo aristotélico, comenta, el tocino es la materia prima con la que está hecho el cerdo, igual que el mármol es la materia que al tomar forma se cumple en escultura; no cuenta el orden material de sucesión: los cerdos están hechos de tocino lo mismo que las estatuas están hechas de mármol. He aquí, pues, mi objeción a la referida idea de Coromines de considerar como la opción que «hoy por hoy parece más verosímil» para dar razón de cómo el americanismo «cacho» ha llegado a tomar el significado de «cuerno»; las «vasijas para líquido» o los «vasos de cuerno» que se designan en varios países de América con el nombre de «cacho» o «cacha» son manufacturas bien configuradas que no pueden haber generado, con lo que, de ser cierta la regla más arriba postulada, sería una *metonimia retroactiva*, el nombre del cuerno —o del asta de toro— con el que están hechas. Hace más de cuarenta años, cuando yo todavía entraba a veces en alguna taberna de Madrid, si se pedía «un vaso» se entendía siempre como un vaso de vino, o sea lleno; las raras veces en que, por alguna razón particular, lo que uno quería que le pusieran sobre el mostrador era un vaso en el sentido estricto del mero recipiente, la palabra distintiva que tenía que decir era «un vidrio», esto es una mención construida con el nombre desnudo —desvestido de vino— de la materia prima.

§ 20. *(La flor y la gala)*. En fin, como colofón del apartado de los adverbiales tristes, nada mejor que contar cómo ayer mismo (12 de mayo de 1999), consultando con otro propósito distinto el *Calila e Dimna*, uno de los yacimientos de perlas más viciosos con que pueda soñar cualquier gramático o filólogo, maguer sea un mero aficionado, he aquí que aquella pareja de ladinas y redichas onzas –que no «lobos cervales», que es tanto como «linces»– me puso en las manos una pieza de valor incalculable que bien merecería proponerse por dechado y arquetipo de la entera familia de los adverbiales tristes: ¡«a lóbregas»!

III. Los compuestos nominales de verbo + complemento directo

§ 21. *(Restauración)*. Tal como se anunció al principio del segundo apartado, este tercero va a ocuparse de otras tres palabras incluidas por don Fernando Lázaro Carreter en el paréntesis allí transcrito del texto de su artículo: «cantamañanas», «pintamonas» y «ablandahígos». Las tres aparecen citadas entre los ejemplos del uso del plural «en muchas formaciones semánticamente audaces o morfológicamente raras», que más abajo quedan comprendidas bajo la idea general de «idiomáticas anómalas, es decir, creadas fuera de las normas comunes de nuestro sistema». Pues bien, el entero tribunal especial oficialmente designado para entender de las causas que conciernen a la Lex Iulia Analogiae Denuo Instituta no puede por menos de levantar aquí su voz incriminando a los contumaces y fac-

ciosos partidarios de Varrón de flagrante delito de lesa analogía y en un grado mucho más grave que en el anterior
caso de apropiación indebida de los adverbiales tristes para
engrosar con ellos el siempre exiguo patrimonio de la
anomalía. Pues, en efecto, si allí se trataba de una poco
numerosa y nada prolífica familia, casi un fin de raza –aunque esta misma circunstancia ensombreciese la dolosa
acción con el feo añadido del abuso de su flaqueza y su
melancolía–, aquí se trata de una gran progenie, tan numerosa y tan dotada todavía de vitalidad y de capacidad gené-
sica para seguir multiplicándose como múltiplemente
representada en varias ramas de aplicación, entre las que,
por la condición propia del compuesto, predominan desde
luego los nombres de instrumento y de profesión u ocupación, sin que falten tampoco los nombres de animales
y hasta algunos topónimos.

§ 22. *(El cuño léxico).* El plural de «cantamañanas», «pintamonas» o «ablandahígos» (reabsorbido en el singular del compuesto en cuanto tal, o mejor dicho del singular-plural,
ya que la categoría de número tiene morfema cero: «cantamañanas» forma también las menciones de plural, con-
fiando la distinción al solo artículo: «los cantamañanas»)
no responde en absoluto a ningún capricho arbitrario
de la anomalía, como pretenden las huestes de Varrón, sino
que, por el contrario, es el plural analógicamente estatui-
do para el miembro nominal según la ley del cuño léxico de los compuestos nominales de verbo + complemento
directo, predominante en la gran mayoría de los especí-

menes que formalmente se le adscriben. En cuanto a las diversas excepciones, que las hay, veremos cómo algunas parecen responder a la presión particular de tal o cual semantema determinado, mientras que en los otros casos, como en contrapartida, es, en cambio, la fuerza analógica del cuño la que se impone aun a costa de violentar la condición peculiar de algunos semantemas. Voy a confiar ahora a mi memoria la tarea de espigar unos cuantos especímenes, tomándolos de cada una de las antes citadas ramas en las que encuentra aplicación este tipo de compuestos, procurando que, dentro de cada una de ellas, estén representados los que presenten rasgos especiales dignos de notar.

§ 23. *(Nombres de animal).* Empezaré por un exiguo grupo de nombres de animal: «aguzanieves», «andarríos», «correcaminos», «quebrantahuesos» y «saltamontes»; de entre ellos, sólo el primero y el último merecen comentario: «saltamontes», porque semánticamente está configurado mediante una metáfora, y por añadidura, tremendamente hiperbólica, ya que por «montes» hay que entender aquí nada menos que «montañas»; «aguzanieves», porque es un caso en el que el cuño léxico domina sobre una condición particular del semantema: la de regirse por el estatuto de los *nombres continuos* —como «arroz», «aceite», «arena», «sal», etcétera—, en los que con el plural no se mientan individuos, sino especies o clases: «los arroces» no son granos de arroz, sino clases de arroz. Sé muy bien que el plural «las nieves» ha sido facultado ya sea para referirse a las grandes nevadas del invierno: «Irene, / luego vendrán las lluvias / y las nieves» (García Lorca), o también: «Año de nieves año de bienes», ya para referirse a la superficie nevada de toda la montaña, bajo el aspecto de extensión o bien de medio por el que un caminante puede extraviarse y perecer; pero no son esas nieves las que se pretende que esa ave tan característica del invierno –que no en vano toma también, como por antonomasia, el nombre de «avefría»– «aguza» con su largo y delgado pico negro, sino la nieve continua y «al pormenor» que tiene ante sí. Más adelante se verán otros ejemplos más inequívocos de esta misma discordancia. Para acabar con los nombres de animal, citaré uno que también pertenece a los compuestos nominales de verbo + complemento directo, pero que hace excepción en lo que se refiere a la norma de plural para el miembro nominal: «engañapastor», un ave nocturna que recibe, según la región, otros tres nombres: «pega», «capacho» y «chotacabras», de los que «pega» viene sin duda del étimo latino «pica», que se mantiene, sin variación, en italiano para designar la urraca (el nombre de pila de Pico della Mirandola lo emparentaría, a través del mismo tótem, con doña Urraca, la hermana de Alfonso VI o con su homónima y sobrina, la reina de Castilla que hubo de verse asediada, junto al obispo Gelmírez, en una torre de Santiago por la muchedumbre gallega sublevada que luego prendiendo fuego por abajo les dio sahumerio, que ya se sabe el tiro tan tremendo que forma el hueco de una torre, amén de la escalera de caracol, que llama y humo suben a tornillo, conque acabaron por salir tosiendo ay que me muero, que se querían morir, y a cual de los dos más tiznado y chamuscado).

§ **24.** *(Topónimos)*. Pasemos, pues, a los topónimos: «Matabueyes» —un cerro alto, cónico, con la cima redondeada, que destaca bastante sobre Valsaín—, «Despeñaperros», «Arrebatacapas», ¡oh dramáticos puertos de montaña!; «Esto es el puerto de Arrebatacapas» se dice a veces de algún centro oficial, incluso de un ministerio, dando a entender que allí impera el latrocinio, pero no son bandoleros los que arrebatan capas en aquel inclemente puerto de la sierra de Ávila, sino el viento. El de «Tornavacas» es, como los dos últimos, un puerto de montaña, pero aquí nos encontramos con otra nueva e inesperada infracción de la ley del cuño léxico: el miembro nominal no guarda la relación reglamentaria de complemento directo respecto del verbal, sino que reclama para sí el papel de agente o de «sujeto». Para que esas vacas no fuesen sujeto del «tornar» de miembro verbal, sino complemento directo —como tendrían que ser según la ley de los compuestos en cuestión—, sería preciso forzar una interpretación demasiado artificiosa y retorcida de «Tornavacas»: tornar «tornar» en verbo transitivo, para poder leer algo así como el puerto que «torna», que «devuelve», las vacas; pero sería un adhoquismo escandalosamente deshonesto violentar las cosas hasta un extremo semejante, por el puro empecinamiento en que todo encaje, aunque tenga que ser a martillazos, en la ley del cuño léxico. No. Hay que aceptar la posibilidad de que el miembro nominal pueda también exceptuar de su papel reglamentario de complemento directo; y si no, ahí va un ejemplo absolutamente inexpugnable de topónimo que exceptúa de una manera idéntica: «Cantarranas» –un arrabal de Coria–, donde nadie podría atreverse a decir que el sujeto de «cantar» pueda ser otro que las ranas mismas. Grande es la fuerza de la analogía, y no hay por qué añadirle desde fuera más rigor sobre el que ya tiene por sí misma.

§ 25. *(Excurso)*. Por otra parte, no hay duda de que las vacas del norte de Extremadura solían pasar por aquel puerto para ir a veranear en las reservas de pasto de las tierras altas de entre la Sierra de Béjar y el Barco de Ávila, bajo la forma de contrato conocida con el nombre de «acomodo»: el dueño de las vacas subía con unas semanas de adelanto a buscar los pastos que le conviniesen y previo pago de una señal en metálico los dejaba apalabrados con el dueño de la tierra para los meses más duros del verano, al cabo de los cuales, las vacas volvían o «tornaban» por el dicho puerto de Tornavacas, valle del Jerte abajo, hacia las tierras, más cálidas, de la comarca de Plasencia o de los valles del Tiétar y del Alagón. Con todo, hay que decir que tanto el puerto de Tornavacas como el pueblo inmediato, que lleva el mismo nombre, mucho más que a vaca, huele –en la imaginación, quiero decir– a pura oveja, a rebaños de merinas trashumantes, o, en una palabra, a Mesta. Respecto de lo cual, siempre me ha llamado la atención el que haya en aquel pueblo un notable número de casas buenas –serán unas quince o vein-

te—, de sólida y cuidada construcción, aunque no grandes, todas ellas fechadas en los dinteles de cantería como
entre 1720 y 1745, lo que me indujo desde el primer día
a hacer la conjetura de que aquel ostensible aflujo de
riqueza en el espacio de muy pocos años bien podría
corresponderse con la devolución por don Felipe de Bor-
bón, ya entonces rey de España, de un considerable número de préstamos a interés que pudo haber recibido de la
poderosa Hermandad —cuyas arcas solían estar casi siempre bien provistas de liquidez—, para pagarse y ganar la larga
y cruenta guerra contra el Archiduque. A veces, ciertamente, no es posible evitar que los excursos se vuelvan
excursiones.

§ 26. *(El proscrito y la ordalía)*. Finalmente, en la familia de
los topónimos se me ofrece un ejemplo de irregularidad
que bien puede servir para delimitar el cuño general de los
compuestos nominales aquí considerados, o mejor, el impulso constructivo que se irradia desde un centro formalmente riguroso hacia una periferia de excepciones.
Ya se ha podido ver cómo no se han tenido por motivo
suficiente de exclusión ni la infracción de la regla general de plural para el miembro nominal ni el cambio de la
relación regular de verbo-complemento directo por la de
verbo-sujeto entre los miembros (de ambas infracciones
se hace reo el ejemplo que se va a considerar) pero sí, en
cambio, se va a tener ahora por motivo de expulsión y
extrañamiento total de la jurisdicción del paradigma la
inversión del orden miembro verbal-miembro nominal

reglamentariamente estatuida por el cuño léxico de estos compuestos. La relevancia capital que el oído castellano atribuye a esta ley de construcción se advierte especialmente en la extrañeza que instantáneamente acusa en la audición de compuestos nominales en que esa regla de orden se presenta invertida. Puedo decir, por ejemplo, por mi parte, que el topónimo «Gallocanta», nombre de un pueblo de Aragón y de su célebre laguna, ha provocado siempre en mis oídos una reacción de desconfianza, suscitando enseguida la sospecha de que semejante nombre *no decía* originariamente lo que hoy parece *decir* y que, por tanto, bien podría ser resultado de un «ajuste» fraguado con el tiempo por lo que suele llamarse «etimología popular». La espontánea tendencia de apoyar o «justificar» mediante algún significado o relación significante una palabra cuya fundamentación etimológica ha dejado de oírse puede dar lugar —naturalmente siempre que haya alguna formación fonética muy próxima y con significado, y tanto más si aporta una correlación semánticamente idónea y bien fundada— a que esa palabra expatriada de su origen se vea atraída por otra voz familiar y con significado, para contraer con ella, a través de una mínima corrección fonética, un nuevo parentesco semántico apropiado. Ejemplo tópico de ello es el de «ferrojo» o «herrojo» que, habiendo olvidado su etimología: del latín «ferruculum» derivado, a su vez, de «ferrum»,[7] por ser de hierro, se vio atraído por el verbo, de sonido extremamente semejante, que desig-

7. Otro caso de metonimia en que la cosa producida toma nombre del material de que está hecha (véase más arriba, § 19).

naba su función: «cerrar» y se transformó en «cerrojo».
Con «Gallocanta», por tratarse de un topónimo, y de ser
cierta la hipótesis de una etimología popular, ni siquiera
habría hecho falta una acomodación semántica con otra
palabra ajena, sino que habría bastado con una semanti-
zación interna mediante la alteración fonética precisa para
que donde al principio no había ningún gallo que can-
tara apareciese, para satisfacción y alegría de los vecinos,
un gallo que canta.

Sin embargo, extremando la buena voluntad para
poner a salvo «Gallocanta» de cualquier sospecha de un
amaño lingüístico un tanto tramposo como el de la hipótesis que acabo de exponer, aún cabría la posibilidad de
que se hubiese engendrado y consagrado por efecto de
alguna anécdota especialmente impresionante, celebrada
en su día y recordada durante muchos años como un
hecho memorable, hasta quedar cuajada en el topónimo,
un poco al modo en que entre ciertos pueblos de la Antigüedad –los judíos, por ejemplo– surgían a veces no sólo
los prosopónimos sino también los topónimos. Por poner
un ejemplo que podría cuadrar aquí, recuerdo haber leído
no sé dónde, hará más de treinta años, de una antigua leyenda precisamente aragonesa –tampoco sabría decir de
qué lugar–, seguramente inspirada en la Historia de José:
un muchacho soltero fue acusado por una mujer casada
de haber intentado seducirla o forzarla, cuando al parecer
había sido ella la autora del intento de seducción y no
quería más que vengarse del virtuoso rechazo del muchacho. Convocadas las fuerzas vivas: cura, alcalde, etcétera,

en una sala en cuyo centro —no me pregunten cómo ni
por qué— había, por lo visto, un gallo asado en una bandeja encima de la mesa, y acosado el muchacho, ahora ya
públicamente, por la grave inculpación de la mujer, que
insistía en su versión tan tenazmente como él se reafir-
maba en su inocencia, no quedó más recurso que apelar
a la instancia suprema de un arbitraje ordálico. Entonces
—que fuese el cura es ya suposición mía— el cura pudo
decir: «Si dices la verdad, manda a este gallo que cante»,
y el chico, arrinconado ya en el último reducto, no tuvo
más salida que avenirse a la ordalía, poniendo al gallo asado
por testigo, y decir: «¡Gallo, canta!». Y el gallo cantó.

Mas no por eso el topónimo «Gallocanta» deja de estar
totalmente excluido del paradigma general de los compuestos nominales que contempla este apartado. No siendo, pues, producto que pueda reclamar por suyo ninguna
analogía, no queda impedimento ni reparo alguno para
ceder, no con pena sino con gozo, «Gallocanta» al gran
Varrón y a sus ilustrísimos epígonos, y el que lo hagamos
con suma complacencia en modo alguno viene de que
pretendamos arrogarnos tal cesión bajo la aureola de meri-
toria donación por nuestra parte, o sea como un acto gra-
tuito de desprendimiento, sino en calidad de simple reco-
nocimiento de lo que en justicia pertenece de pleno derecho a la jurisdicción propia y legítima de la anomalía.

§ 27. *(Nombres de planta).* Continuando con las diversas
ramas en que nuestros compuestos podrían tomar oficio,
he de decir que las plantas, al tener, por su propia con-

dición, muy poca actividad –al menos en un sentido apro-
ximadamente antropomórfico de la palabra–, se prestan
difícilmente a regir verbos transitivos tal como exige, en
principio, el paradigma. Bien es verdad que, según se ha
visto más arriba en algún caso, tampoco faltan recursos
figurados para hacer, por ejemplo, de un puerto de montaña un arrebatador de capas –aunque no sin la ayuda
de un meteoro tan extremada y hasta connaturalmente
activo como el viento–, tal como han logrado hacer del
de Arrebatacapas. Con todo, respecto de las plantas, en
cuanto a la posibilidad de darles nombre, siquiera metafórico, a partir de la idea de actividad, sólo podríamos
pensar en construcciones del tipo, pongo por caso, de una
enredadera que tomase un nombre como *trepamuros*.
Pero de nombres de planta construidos según el cuño
léxico en cuestión realmente recibidos en el acervo castellano no tengo, por mi parte, más que dos ejemplos,
que, por añadidura, más que nombres, tiran más bien a
apodos. El primero de ellos toma significado de un tipo
de actividad –ciertamente, mediata y derivada– a cuyo
título sí que podrían recibir las plantas, sin gran dificultad, nombres formados con arreglo al canon de nuestros
compuestos: la actividad medicinal; «actividad» en el
mismo sentido en que decimos que esta o aquella yerba,
tomada en infusión, «obra» en el cuerpo del enfermo con
tal o cual efecto saludable. El fruto de la rosa perruna,
«kinoródon», un elipsoide del tamaño de un guisante,
de vivo color rojo, tiene, al parecer, notables virtudes
astringentes, y por eso al fruto, y no sé si también al pro-

pio arbusto, se lo designa vulgarmente como «tapaculos», nombre ahormado según todas las reglas de nuestro cuño léxico. A una motivación distinta de la medicinal responde, en cambio, «arrancamoños», nombre –o apodo– de otra planta, o, más exactamente, de su fruto o portador de semillas –el de la planta misma nunca lo he sabido–, que forma también otro ovúnculo, algo más chico que el tapaculos, de color ocre pálido y erizado de pequeños garfios, con los que fácilmente se agarra, más que al pelo, a la ropa, o al menos esto segundo era lo que más solía preocupar a las muchachitas de mis tiempos, que ya de vuelta a casa se detenían en una escrupulosa revisión de sus ropas y especialmente de los calcetines, para quitarse todos los arrancamoños adheridos, por su amenaza de infalibles delatores ante los ojos de las madres de que la chica había andado sabe Dios por dónde porai por esos campos.

§ **28.** *(Nombres de oficio, desprecio, vicio y artilugio).* Extraordinariamente más multitudinaria que las de los nombres de planta, los topónimos y los nombres de animal es la familia de los nombres de profesión u ocupación, que, por añadidura, tiene que venir en parte entreverada con la de los compuestos despectivamente motejantes, ya que no es inusitado el caso de que se refieran, por mal nombre, a tal o cual profesión determinada: «matasanos», huelga decirlo, está especializado como nombre injurioso destinado al médico. Su pariente cercano, «sacamuelas», podría, en cambio, inducir a confusión, ya que si hoy connota, efectivamente, una carga insultante, no siempre ha sido así; originariamente, el compuesto se formó para designar llanamente, sin marca de valor, al que ejercía el oficio o la función que declara la unión de sus dos miembros: «sacar muelas». Sólo una vez que los sacamuelas se vieron oficialmente sometidos al control de garantía de unos estudios, unos exámenes y la credencial de un título, como licencia para el ejercicio, y tomaron el nombre de «dentistas» —sin perjuicio de que más tarde acrecentasen sus aspiraciones hacia una más alta consideración social y empezasen a exigir ser llamados «odontólogos», que es como más fino—, la antigua palabra «sacamuelas» acabó por teñirse de su actual valor de título injurioso. Nombre despreciativo especializado para una profesión determinada es, igualmente, «picapleitos», para el abogado. Otro compuesto con carga de valor despreciativo determinadamente destinado a una dedicación profesional, aunque mucho más vaga y más extensa que la de los tres ejemplos anteriores, y por lo mismo no descalificador en lo que atañe al grado de capacitación en el oficio sino genéricamente despectivo hacia la condición social o el estatus de clase en los que queda inscrito el designado, es «chupatintas», dedicado al oficinista subalterno, al burócrata de la administración, marcando sus menguadas, casi nulas, perspectivas de ascenso, su ineluctable condena a seguir siempre remando en las galeras de la pequeña burguesía. Pero nunca podrá medirse el extremo de vileza que es capaz de alcanzar la patológica y siempre envenenada obsesión de la comparación social: nadie ha llegado, en efecto, a merecer tamaña carga de desdén y menosprecio como la que connota el nombre específica-

mente destinado al más infeliz y más desposeído de los tra-
bajadores: el bracero del campo: «destripaterrones».

Apartándonos ya de estas dos últimas invenciones
emponzoñadas de maldad social, proseguiremos separada-
mente con los compuestos motejantes despectivos o inju-
riosos pero no referidos a ninguna ocupación profesional,
por una parte, y por la otra, con los nombres que designan
llanamente ocupaciones, profesiones o dedicaciones pero
exentos de cualquier connotación con carga de valor. De
los compuestos motejantes, uno de los citados por Lázaro
Carreter: «cantamañanas», quiere significar, al menos en mi
oído, una persona inútil, charlatana y de una gran movili-
dad que intenta dar la apariencia de actividad y de efica-
cia, no siendo más que teatral o, más aún, teatrera agita-
ción en torno a siempre renovados proyectos fantasiosos.
El miembro verbal: «cantar», parece referirse claramente al
elemento de locuacidad; más oscuro resulta, en cambio,
el miembro nominal: «mañanas». Puestos a darle al compuesto alguna imagen, tal miembro nominal, en cuanto
determinante de «cantar», suscita fácilmente la figura de
un sereno aquejado de exceso de celo profesional hasta el
extremo de seguir cantando las horas después de amane-
cido, en tajante contraste con aquel otro de la copla: «Al
pie de una cruz de piedra / un sereno se dormía / y Cris-
to lo despertaba: / Levanta, que viene el día». Pero para
una figura, ya sea supuestamente escondida en el origen
del compuesto, ya sea apropiada para darle una ajustada
representación a posteriori, también podría valer, no menos
que la imagen del sereno, la de un tenor de pueblo, de voz

acaso no muy afinada pero inusitadamente poderosa, siempre en oferta de hacerse contratar por los enamorados para cantarles a sus damas la alborada. No hay duda de que este tenor y aquel sereno cubrirían a cual más cumplidamente el papel literal de «cantamañanas».

El repertorio de las palabras despreciativas, ridiculizantes o injuriosas construidas con arreglo al cuño léxico de los compuestos en cuestión es por desgracia bastante más extenso de lo que sería de desear: a partir de ciertas palabras que connotan un desdén de tono menor como «desgarramantas» —con su variante «rajamantas»— que hasta admiten venir dulcificadas por un guiño benévolo o jocoso, o incluso «pelagatos», que puede llegar a oírse de los propios labios de alguien que lo dice de sí mismo: «Cómo quieres que un pelagatos como yo vaya a aspirar a casarse con Cornelia», la vileza y la maldad van cayendo cada vez más bajo, pasando, por ejemplo, por «tiralevitas», hasta ir a dar en el abismo de bellaquería de «lameculos».

En los nombres de profesión u ocupación la fuerza analógica del cuño léxico que genera estos compuestos empieza ya a mostrarse sumamente activa, por la simple razón de que unas construcciones formadas por un verbo y un complemento directo no pueden dejar de ser especialmente adecuadas para designar funciones, tanto cuando se trata de dar nombre a un oficio, como, más todavía —conforme se verá más adelante—, cuando se trata de dar nombre a un instrumento. Puede decirse incluso que en lo que afecta a estas dos clases específicas de sustantivo, tan al alcance de su aplicación, la creación de nuevos compues-

tos acuñados bajo la ley de nuestro paradigma marcha realmente a remolque de la constante invención de nuevos oficios, nuevas especializaciones y nuevos instrumentos. Sería,
por tanto, ocioso alargarse ahora en una lista, que, por un
lado, resultaría totalmente trivial, por lo consabido de la
gran mayoría de los nombres que podrían entrar en ella, y,
por el otro, nunca podría ser exhaustiva, más aún que a causa
de su longitud o de las limitaciones de mi conocimiento
y mi memoria —de mi voluntad, no me es dado prever lo
que sería—, a causa de que en el tiempo que tardase en con-
feccionarla, mucho me temo que irían surgiendo, a cada
instante, nuevos oficios con sus nuevos nombres, que siempre me llevarían la delantera. De los antiguos, ya ha aparecido «sacamuelas» —ahora citado, por supuesto, sin la actual
carga de valor peyorativo— y el más antiguo que pueda per-
sonalmente acreditar por mis lecturas es el hoy desapare-
cido «matatoros», que está en *Las siete partidas*, de Alfonso
el Sabio, y designa al que mataba los toros a pie.

Los nombres de instrumento son, con mucho, los más
numerosos de estos compuestos nominales (sólo los siguen,
a bastante distancia —no sabría ahora precisar a cuánta— los
nombres de profesión u ocupación), por la aquí arriba mencionada causa de la especial idoneidad del cuño léxico para
dar nombre a cosas destinadas a ejercer funciones, casi
siempre, por tanto, objetos artificiales expresamente con-
cebidos para tal o cual función; rara vez objetos preexis-
tentes que la ejerzan por haberles sido asignada: un canto
rodado al que se le haya asignado la función de mantener
quietos los papeles encima de la mesa también tiene dere-

cho a recibir el nombre de «pisapapeles». Sólo me deten-
dré en algunas peculiaridades o curiosidades que afectan
a estos nombres.

Para los franceses tiene, al parecer, más importancia
—no sabría yo decir si también más uso— el juego de man-
díbulas pequeño, más arrimado a la charnela, y para los
italianos y los castellanos el más grande, más alejado de
ella, ya que para dar el nombre al mismo instrumento,
los primeros declaran su preferencia por las avellanas:
«casse-noisettes», y los dos segundos por las nueces: «schiac-
cianoci» y «cascanueces» respectivamente. De todos modos,
tengo la impresión de que en francés este gran árbol de
compuestos nominales es menos abundoso y abundante
en frutos que en el italiano o el castellano, que rivalizan
en fertilidad. Indicio de ello podría ser el que, tal como se
ha visto con «casse-noisettes» —que, por lo demás, se atie-
ne estrictamente al paradigma—, una gran mayoría de los
ejemplos suela escribirse con el guioncillo de unión —o
separación—, lo que podría ser síntoma de una menor fami-
liaridad con esta clase de compuestos. Así lo vemos también en otros ejemplos tan sujetos a la regla y de uso tan
cotidiano por la propia cotidianidad de la cosa que designan como «presse-papiers» y «couvre-lits»; y este segundo, dicho sea de paso, mejora en regularidad a su homó-
logo castellano: «cubrecama», que, en cambio, infringe la
regla del plural del miembro nominal.

En cuanto a la actual vigencia productiva de este pro-
lífico cuño léxico, baste por muestra el que el joven soplagaitas de la movida —que hizo del culto a la ignorancia

como una especie de simpática y garrida rebeldía, expresión de libertad y hasta atributo de prestigio— acúñase el neologismo «comecocos» queriendo calificar cualquier pasatiempo menos engañabobos que la máquina tragaperras. Y en esta misma frase puede observarse cómo no todos los productos de tal cuño se someten a la norma de que el miembro nominal vaya en plural, pues frente a «soplagaitas», «comecocos», «engañabobos» y «tragaperras», ahí está «pasatiempo», que lo trae en singular; seguramente es la condición semántica del miembro nominal lo que aquí aflora, rebelándose al rigor analógico del cuño, que así da muestras de no ser tampoco tan implacablemente insensible para las diferencias de los significados como un lecho de Procusto, tal como puede corroborar también, frente a «paraguas», «parasol»: no tenemos, afortunadamente, más que un único sol en que confiar, pues ¿qué seguridad podría cabernos si caprichosamente por otro diferente se mudara?, así como, desgraciadamente, no tenemos más que un único tiempo que pasar, en cuanto que no pasará otra vez el que hayamos pasado en cualquier pasatiempo. Cuando éramos muchachos y bajábamos al río decíamos siempre «taparrabos» y ha sido indudablemente una indiscreta y abusiva auscultación semántica la que ha acabado por infringir la regla del plural del miembro nominal al parecerle «más propio» «taparrabo».

Con todo, es más frecuente que sea la hegemonía sistemática —o «sistémica», como ahora gustan decir— del formalismo analogista lo que, en casos no tan patentes para el oído común como el de los semantemas «tiempo» y «sol», dé por prevalecer, y el plural del miembro nominal se atenga al puro rigor del cuño morfológico, a despecho de estar menos justificado que en otros casos por la índole peculiar de la palabra. Por ejemplo, en «guardabarros» se hace caso omiso de que «barro» –al igual que «arroz» o «aceite»– esté lingüísticamente sujeto al estatuto de *nombre continuo*, en que el plural pasa a significar especies (sin perjuicio de que sustantivos sujetos, en principio, al estatuto de *nombre discreto* funcionen, en razón del contexto, como continuos: los cantos rodados de sílex con que se forma el hormigón son «piedras» prensibles y bien individuadas, pero al tratamiento gregario que reciben al ser echados por la tolva de la hormigonera para ser revueltos con el cemento da lugar a que se los miente como «la piedra»); así «los barros» –al igual que «los arroces» o «los aceites»– son, tal como a su estatuto natural corresponde, «clases de barro» (en las que, por cierto, Sherlock Holmes supo ganarse merecida fama de gran especialista, aunque no de máxima e indiscutible autoridad mundial como en cenizas de pitillo). Si en cambio, hubiese prevalecido el semantema sobre el rigor analógico del cuño léxico, el miembro nominal, el barro, habría reivindicado su estatuto de nombre continuo, tal como ha hecho el nombre del puré –que se rige también por el estatuto de nombre continuo– en el compuesto «pasapuré», o el mismo nombre del barro, «boue», en la versión francesa de «guardabarros»: «pare-boue», y lo mismo que en la pareja «parabrisas» frente a «pare-brise». Por último, se dan también ejemplos en que el plural reglamentario del miembro nominal viene azarosamente a coincidir de modo más estrecho que en los casos corrientes con el significado de los miembros y de su relación; compárese nomás «saca-corchos» con «cuentagotas»: mientras el sacacorchos puede, sin duda, descorchar muchas botellas, pero una sola en cada uso, en «cuentagotas» la norma de plural del cuño léxico se ajusta a la condición del instrumento, ya que son varias gotas las que cuenta en cada empleo singular. Lo mismo vale para «cuentahílos» o para «marcapasos» y casi lo mismo para «espantapájaros», ya sea por la razón de que los pájaros suelen venir siempre en bandadas, ya por la de que un espantapájaros que no espantase más que un pájaro cada vez sería un caso de incompetencia profesional tan clamoroso que habría que destituirlo sin contemplaciones. ¡Qué no diremos, en fin, del glorioso apellido de nuestro Santo Patrono Nacional, el Señor don Santiago Matamoros!

Para ilustrarlo, le pondré un colofón a la manera de Diógenes Laercio:

«Mis versos a él son estos:
Don Santiago, ¡qué desdoro
para Dios y para España,
si tras tanta santa saña
matarais tan sólo un moro!»

El castellano y la Constitución

I. La prosa de la Constitución

Hace 20 años me había propuesto no decir ya ni mu sobre asunto de lenguaje, no por otra cosa, tras millares de noches y cientos de cuadernos, que por mi salud mental. Pero, como todavía hay personas que siguen llamándose a agravio por el primer párrafo del artículo tercero de la Constitución hasta desde Nueva York, como en una carta abierta apoyada por 52 firmantes y publicada el 13 de diciembre de 1996 en cierto diario de Madrid, me veo empujado a hacer una excepción y «cantar la mía» –como decían en el *Tartarín de Tarascón*– sobre el asunto. La carta se revuelve, como de costumbre, contra el hecho de que se designe como «castellano» la lengua que ellos llaman «español». Pero de esto me ocuparé en último lugar, porque antes quiero hablar de la redacción del dicho párrafo del dicho artículo, que, para memoria del lector, transcribo: «El castellano es la lengua española oficial del Estado. Todos los españoles tienen el deber de conocerla y el derecho a usarla».

§ 1. *(Qué se define)*. ¿Qué se trata de definir o establecer: cuál es la lengua oficial del Estado o qué es el castellano? Todo hace suponer que lo primero, o sea, cuál es la len-

75

gua oficial del Estado. Es un extraño capricho lógico-sin-
táctico o, a mi juicio, una rotunda incorrección, el que
lo definido aparezca en el segundo miembro de la frase,
de tal manera que, rectamente entendida, sería, tal como
está, una definición o determinación del «castellano», esto
es, una respuesta a la pregunta «¿qué es el castellano?».
Compárese con «Isaac es el hijo de Abraham» y «El hijo
de Abraham es Isaac»: en la primera frase se define o determina quién es Isaac, en la segunda quién es el hijo de Abraham. Sé muy bien que hay contextos en que este orden
de los términos se invierte, pero tal inversión tiene su propia función gramatical y además se marca con una sobreacentuación —totalmente gramaticalizada— del término
enrocado. El contexto que suele dar lugar a semejante enroque es el de una afirmación equivocada, que se pretende
corregir. Si alguien ha dicho «Jacob es el hijo de Abraham»,
se le enmienda el error replicando: «*Isaac* es el hijo de Abraham» (donde la cursiva representa la sobreacentuación);
de manera que mientras en la primera frase el definido o
determinado es «Jacob», que por eso ocupa el primer miembro, en la réplica correctora, que reproduce el orden de la
frase corregida, lo redefinido o redeterminado no es «Jacob»,
sino «el hijo de Abraham». El enroque, marcado por la
sobreacentuación, equivale a decir: «Isaac, no Jacob, es el
hijo de Abraham».

§ 2. *(La determinación)*. ¿A qué responde ese añadir al sustantivo «lengua» el determinante de «española» en «…es
la lengua española oficial del Estado»? Puesto que «el cas-

tellano» es una especie del género «lengua española», en
el seno de una taxonomía piramidal, o sea, implicante, la
frase que vengo comentando podría compararse con ésta:
«El caballo es el animal de carreras cuadrúpedo favorito
de Inglaterra». ¿Y qué es lo que, en rigor lógico-grama-
tical, nos haría suponer semejante afirmación? Sencillamente, lo siguiente: que hay por lo menos otro animal de
carreras favorito de Inglaterra, pero no cuadrúpedo. De la
misma manera, en «...es la lengua española oficial del Estado», ese determinante de «española», ateniéndonos a lo
escrito de la letra –que al enunciado de una ley es lo menos que se le puede pedir–, vendría implícitamente a darnos a entender que hay otra u otras lenguas oficiales del
Estado, pero no española o españolas. Si el acto intencional de los legisladores no quería –como, en efecto,
me atrevo a suponer que no quería– producir este sentido, que es el lógico-gramaticalmente correcto según la
pura letra, entonces el determinante de «española» añadido a «lengua» es una redundancia –puesto que «castellano» implica ya «lengua española»– que genera un equívoco perfectamente equivalente al que, bajo el supuesto
de una intencionalidad del todo análoga, generaría la
redundancia de añadir «cuadrúpedo» a «animal de carreras» –puesto que «caballo» implica ya «animal de carreras
cuadrúpedo»–, en el ejemplo improvisado ad hoc. En las
taxonomías implicantes (trátese de las ya preestablecidas,
como la de «lengua>lengua española>castellano», o de las
ocasionalmete inventadas como la de «animal de carre-
ras>animal de carreras cuadrúpedo>caballo»), las re-

dundancias de determinación se pagan caras. Dicho de otra
manera: la metedura de pata de la redundancia común a
dos frases, generadora del mismo, no deseado, efecto lógi-
co, está en que al añadir, en la primera, la determinación
de «española», sólo se excluyen de «la lengua oficial del
Estado» las otras lenguas españolas; no se excluyen las lenguas no españolas, como por ejemplo, el francés; y al añadir, en la segunda, la determinación de «cuadrúpedo», sólo
se excluyen de «el animal de carreras favorito de Inglaterra» los demás animales de carreras cuadrúpedos; no se
excluyen los animales de carreras no cuadrúpedos: bípe-
dos, por ejemplo (ya que dudo de que la gran pericia
domesticadora de los ingleses, demostrada con los distintos pueblos de su antiguo imperio, haya logrado cosa dig-
na de notar en asunto de carreras con hexápodos, octó-
podos o miriápodos), como el hombre; lo cual será sin duda
halagüeño para éste —o por lo menos para su sub-especie
«hominoide corredor», *hominaster celerissimus Linnei*—, como
humillante y triste para el galgo, animal de carreras cuadrúpedo, ya, por sí mismo, siempre tan mohíno.

En fin, volviendo a la frase comentada, el equívoco
podría haberse evitado, aun conservando —si es que los legisladores tenían tanto empeño en meterla a toda costa, maguer con calzador, como es difícil dejar de suponer— la palabra «española», con asignarle a ésta, en el seno de la frase,
el simple papel de epíteto, de atributo quiescente en la capacidad determinante, bien sea anteponiéndolo a «lengua»
—cosa gramaticalmente desusada en una esfera semántica
como ésta, pero lógicamente irreprochable—, bien sea de-

jándolo pospuesto como está, pero metido entre dos comas, o bien —si es que la sola marca de las comas, por la evidente timidez de su apariencia gráfica, hubiese parecido insuficiente para dejar bien señalada la función epitética— manteniendo las comas, pero reforzándolas con algún suplemento, como por ejemplo: «…es la lengua, española por supuesto, oficial del Estado».

§ 3. *(El modo verbal)*. En la frase que vengo comentando, como en otros muchos lugares de la Constitución, se usa el llamado «presente de indicativo» —del verbo «ser» en este caso— para el enunciado de la ley. Cuando en una conversación particular, alguien le dice a su interlocutor: «El que mata es reo de muerte» —sirviéndose del llamado «presente de indicativo» conforme a una función que hace ya muchos años me atreví a identificar dándole el nombre de «presente anagnóstico»— no está enunciando la ley o recitando su enunciado, sino *notificando* al otro el contenido de la ley. Y en este punto convendrá olvidarse de la interpretación temporalista de las flexiones del verbo, que pretende encajarlas en el lecho de Procusto de una presunta «temporalidad objetiva», o sea reflejar sobre el verbo el tiempo objetivado. No es el «tiempo» el que tiene que explicar el verbo, sino el verbo, configurador de la noción de tiempo, el que tendría que dar razón del «tiempo». La noción de «modo», aun todo lo insuficiente que se quiera, remite al menos a la actitud subjetiva del decir, a la índole, al menos en la flexión del verbo siempre reflexiva de la lengua respecto de sí misma —y por tanto, en cier-

to modo, siempre «metalingüística», en la medida en que
quepa hacer valer este concepto aquí– de cada tipo de acto
intencional dentro del juego de flexiones fijado por la lengua. No han faltado gramáticos que han llegado al extremo
de caracterizar el indicativo como «no modal», pero con la
tríada «pasado-presente-futuro» de estos temporalistas objetivos no haríamos más que violentar la lengua y empeci-
narnos en un viejo error. La función del llamado «presente
de indicativo» (en correlación con el llamado «pretérito
imperfecto», que ejerce igual función, pero *in phantasma*,
por aplicar a esto una expresión de Bühler)[1] es conformar
el decir bajo especie de noticia. El carácter de «noticia»
no consiste en nada temporal, sino en comportar valor
veritativo, o sea, en someterse virtualmente al criterio –sea
cual fuere– de verdad o falsedad. También una afirmación
sobre el «tiempo» venidero puede tomar carácter de noticia: «Se jubila dentro de dos años». Afirmación que no deja
de ser verdad aunque el sujeto se muera antes, aunque
ahora esa verdad se predique con el *presente en fantasma*,
como cosa sólo presente ante los ojos de la fantasía: «Se
jubilaba dentro de dos años». «Se casan el domingo de la
próxima semana» notifica una boda que ya está decidida
y prefijada, ya está en el calendario, con pretensiones de
verdad virtualmente comparables con las de cualquier
fecha venidera, por ejemplo: «El martes que viene es 5 de
octubre».Y sigue siendo noticia –y verdadera en cuanto
tal– aunque alguien dude de que llegue a celebrarse o

---

1. Véase «Glosas castellanas», § 5.

incluso se proponga reventarla; por eso es admisible, sin merma de sentido ni de la más estricta corrección gramatical, la frase: «Se casan el domingo de la próxima semana, pero no se casarán». Los temporalistas objetivos no tendrían más remedio que arrojar a las tinieblas exteriores de la contradicción —si es que no, incluso, de la a-gramaticalidad— una frase como esa, en la que se niega en «tiempo futuro» lo que se afirma en «tiempo presente». La propia fórmula protocolaria «*Notificación* de matrimonio» corrobora el que una boda ya decidida para una fecha fija, al igual que una jubilación prefijada para una edad determinada, tome el carácter de noticia.

Así pues, el que informa a otro del contenido de una ley usa el presente, porque da noticia (noticia que, en cuanto tal, está abocada a poder ser verdadera o falsa) de algo que, por decirlo con la lúgubre fórmula inmemorialmente acuñada para el destino, ya «está escrito». Con esta misma fórmula, «está escrito», se remitían los judíos a la Torah, a la Ley, cuyos libros no, ciertamente, por casualidad tomaron precisamente el nombre de «Escrituras». (Y fue el escritor judío Walter Benjamin el que, en párrafos que son como puñales, tuvo la clarividencia de indicar la afinidad entre el derecho y el destino.) La ley no enuncia nada que «esté escrito»; ella es justamente la que escribe aquello de lo que decimos «está escrito»; y aun arrostrando la cabal contradicción que comporta expresarlo de este modo, me atreveré a decir que la ley misma, en sí misma, en cuanto tal, y a semejanza del destino, o más bien de aquello que —sea lo que fuere— se pretende que lo funda y determina, no está escrita: *escribe.* O dicho de otro modo, sólo para nosotros sería escritura; para sí misma, permanece siempre —y válgame otra fórmula totalmente inestable— *escritura escribiente.* Está siempre escribiendo lo que escribe, pero no repetida ni continuamente, sino de modo quieto y perdurable, activo, como pueda decirse «activo» de un letrero luminoso encendido. Esa quieta y permanente actividad es justamente lo que designamos con el nombre de «vigencia». La ley no se refiere a nada que esté fuera de ella, que no sea ella misma: no da noticias, no se presta a poder ser verdadera o falsa; por eso la ortografía de su enunciado excluye tajantemente la del llamado «presente de indicativo», que es el usado en el párrafo de la Constitución con cuya redacción gramatical me vengo querellando.

Si la noticia sobre el contenido de la ley admite, y aun exige, como ya he indicado, el modo de «presente», que comporta *valor veritativo* y se somete a ser «averiguado», o sea, por lo menos virtualmente, a la prueba que tiene por criterio el de «verdad o falsedad», por el contrario, el enunciado de la propia ley carece de todo valor veritativo; es la instancia a la que se remite la averiguación de lo que se afirma sobre su contenido, el criterio de la verdad o falsedad de tal afirmación.

La ley es un mandato obligante; su enunciado no puede ser más verdadero o falso de cuanto pueda serlo una frase en el modo llamado «imperativo». Es cierto que un decir en el modo imperativo no es, en sí mismo, un mandato obligante: «Cierra la puerta», «Pásame la sal», son cotidianos imperativos familiares, a los que sólo se añade «por favor», porque ha habido esclavos y aún hay criados o subordinados, que están o estaban obligados a obedecer, y el «por favor» marca, por contraste, la relación de mutua libertad, o no quiere recordar la sumisión servil; hasta un jefe de oficina lo usa hoy con un subordinado contractualmente obligado a obedecer, tal vez para difuminar la relación jerárquica, o pensando que con ese superficial espolvoreo de azúcar de vainilla hace más llevadera la obediencia obligatoria.

Lo que un decir en el modo «imperativo» y el enunciado de una ley tienen en común es que ambos carecen necesariamente de valor veritativo, por cuanto los dos tienen o tratan de tener un efecto en la conducta. Pero, a partir de esta función compartida, suscitan, acto seguido, la pregunta de si en el segundo, al valor «perlocutivo», que sería único en el decir «imperativo», no se añade y superpone el valor «performativo», que se define como el de «el decir que hace lo que dice». La ilustración más impresionante del valor performativo del lenguaje —como *palabra que hace*—, que en este caso toma auténtico carácter de «poder», y en una forma que prefigura de modo singular la concepción de la justicia y del derecho, nos la ofrecen los niños —y mejor cuanto más pequeños, siempre que hayan accedido plenamente al don de la palabra, o sea, a partir de los tres años y medio—, pues, en efecto, basta decirle a un niño: «Te regalo esta cajita», para que entienda y asuma que esa frase ha hecho pasar, de modo irreversible, el objeto a su dominio, pero no con la virtualidad de una simple convención, sino produciendo instantáneamente en su alma un tan vigoroso acto de apropiación, sentimiento de propiedad y absoluto poder de disposición sobre lo regalado, que sentirá como una violencia intolerable, como una sinrazón terriblemente injusta, cualquier amago, aunque sea inmediatamente posterior, de deshacer la donación (incluso con un pretexto como: «Ah, no, espera, me he equivocado, eso no era para ti»), de desdecirse de la frase que ha producido tan irreversible «efecto de derecho». La función performativa del lenguaje demuestra aquí el poder de provocar una auténtica mutación psíquica: el campo de dominio del Yo del niño ha envuelto y fagocitado en un instante, a semejanza de la más voraz de las amebas, el objeto regalado. Ese acto verbal performativo sustentado en las palabras «te regalo» –aunque aquí el portador del valor performativo sea el semantema «regalar», no el modo verbal, como en el caso del enunciado de una ley– es para el niño un *sacramento* con un grado de fuerza nunca conocido en cualquier otro caso imaginable. En general, dicho sea de paso, como explicaba el sabio Irra, el regalo es acaso la forma más característica de hacer sagrada cualquier cosa.

Con la advertencia, tal vez innecesaria, de que me tomo aquí la libertad de usar el término «performativo» según mi propio entendimiento y conveniencia, respetando de una manera más o menos laxa la noción general de «decir que hace», he de pararme a hacer ahora algunas precisiones. El arquetipo de la función performativa sería el de los sacramentos, aunque nadie se limite a con siderar performativo a lo que «imprime carácter» en sentido religioso, esto es, a lo que «ata en la tierra y en el cielo», y no a lo que «ata» sólo en la tierra, pues en tal caso la noción de «valor performativo» no sería una categoría lingüística, sino exclusivamente religiosa. También el derecho pretende que «imprime carácter» (y yo mismo, a este respecto, hablé en otro lugar de «sacramento civil») cuando publica un nombramiento en el Boletín Oficial del Estado, cuando dicta una sentencia o cuando expide un título universitario; actas de matrimonio, testamentos, contratos de compraventa, escrituras de propiedad, etcétera, serían performativos en la medida en que «surten efectos de derecho». Pero tampoco basta la vigencia jurídica, para que «performativo» sea una característica lingüística; para ello es preciso que también un acto oral entre particulares (aun sin tener un poder tan efectivo como en el anterior ejemplo del regalo) «imprima carácter» o, más propiamente, *produzca* la situación enunciada. Una promesa de matrimonio «hace lo que dice», porque ata o determina la voluntad en tal sentido, *pone en vigor* un compromiso, al margen de que se cumpla o deje de cumplirse. El que promete *se obliga*, sea cual fuere la interpretación que pueda darse a este «obligarse». En una anécdota de su libro *La tarea del héroe*, Fernando Savater ha acertado a enunciar más bellamente que nadie el principio general de la lealtad de la palabra: «Que no se hable en vano». Un principio que, por lo demás, comprende cosas tan distintas como no mentir y tratar de cumplir lo prometido o abstenerse de prometer nada de más o menos improbable cumplimiento, no en sentido objetivo, sino según la estimación subjetiva del hablante en el momento de dar voz a la promesa. Acusar de mentiroso al que no cumple lo prometido es tan impropio como identificar «Juro que *digo* la verdad» con «Juro que *haré* tal o cual cosa». Sólo los temporalistas objetivos, que conciben la flexión verbal de «futuro» como un «tiempo» y la incluyen en el modo «indicativo», pueden sustentar la idea de que el que no cumple una promesa *miente*. Aún más, incluso pongo en cuestión que sea exacto llamar «mentira» la del que dice «Me casaré contigo» sin voluntad de hacerlo, y hasta la del que dice «Juro que yo no he matado a mi hermano el rey Don Sancho», si es que en verdad lo ha hecho; sin duda miente al decir «no lo he matado», pero ¿hasta qué punto el que eso sea mentira permite decir que miente al decir «juro»? Comparemos la frase «Juro que yo no he matado a mi hermano el rey Don Sancho» con «Digo [2] que yo no he matado a mi hermano el rey Don Sancho», en la que «digo» es necesariamente verdadero, al margen de que lo sea o no lo sea «no lo he matado». Lo que el performativo «juro» añade al notificativo «digo» puede explicitarse de este modo: «Pierda yo el honor si miento cuando digo que yo no he matado a mi hermano el rey Don Sancho»; pues bien, ese «pierda yo el honor» no puede ser verdadero o falso, tanto por lo que ya apareja por sí mismo el modo «subjuntivo», como por la función performativa que

---

2. El «hacer lo que dice» de este «digo» no es performativo sino metalingüístico, por remitir al hablar mismo en cuanto tal.

ejerce en este caso. Así que jurar en falso no cae bajo el concepto de «mentir» ni siquiera cuando lo que se jura es la *verdad de un decir*, no digamos cuando lo que se jura es la *voluntad de un hacer*. Ni en un caso ni en otro es acertado concebir el perjurio como algo equivalente a la mentira. Ya veremos cómo el valor performativo de un decir, si bien lo aportan comúnmente semantemas que lo connotan en su significado como «juro», «prometo», «te perdono» o incluso, como se ha visto más arriba, «te regalo», no es siempre necesario que así sea, pues el modo «futuro» está capacitado para ejercer por sí solo esta función. Tan sólo la miopía positivista de los temporalistas objetivos, que caracterizan como «no modal» el indicativo, en el que incluyen el «futuro», ha podido incurrir en la temeraria insensatez de atribuir a éste, al menos por función paradigmática, la de «afirmar algo en el tiempo venidero». ¡Deben de saber muy bien lo que es el Tiempo! Pero ya El Brocense, que por lo visto aún no lo tenía tan claro, acertó a señalar como central la función performativa del futuro: «Futuro para prometer» son sus palabras. Naturalmente, el futuro puede jugar además otros papeles que difícilmente cabría llamar «performativos». Yo he creído poder distinguir los siguientes, incluyendo los performativos: «deductivo», «decretivo», «promisorio», «minatorio», «decisorio», «dilatorio», «augural», «conjetural», que paso a describir por el orden que me conviene aquí: 1.º: *promisorio-minatorio* (performativo; la promesa, al igual que la amenaza, que, como mera «promesa de mal» es incondicional, aunque «amenaza» llamemos propiamente a la

promesa del mal condicionada. Dicho de otro modo, promesa es promesa de bien o de mal incondicionada; la amenaza es promesa de mal condicionada, pero falta un nombre para la promesa de bien condicionada: «Si eres
bueno…»); 2.º: *decisorio* (ejemplo: cuando uno, tras hacerse de rogar para que cante, finalmente decide acceder:
«Bueno, cantaré»); 3.º: *dilatorio* (se construye precedido de
«ya»; ejemplo: uno manifiesta su impaciencia porque un
tercero se retrasa y su interlocutor le dice: «Ya vendrá»);
4.º: *augural* (es el que, junto con el 3.º, resulta más tentador para la concepción temporalista; ejemplo: «Este año
lloverá más que el pasado»); 5.º: *conjetural* (es quizás el uso
más frecuente del futuro, ejemplo: «¿Cómo es que el jefe
viene de tan mal humor esta mañana?», se pregunta un
empleado, «Habrá dormido mal», conjetura un compañero); 6.º: *deductivo* (ejemplo: el maestro ha desarrollado
paso a paso la demostración del teorema de Pitágoras y al
enunciar la conclusión que de todo ello se deduce, dice:
«Y entonces la suma de los cuadrados construidos sobre
los catetos será igual al cuadrado construido sobre la hipotenusa; *quod erat demonstrandum*»); y 7.º: *decretivo* (performativo; es el usado para enunciar la ley: «El que matare
será reo de muerte»). Tras buscar una formulación «técnica» capaz de caracterizar lo que tienen de común estos
papeles del «futuro» y definirlo como tal modo verbal
específico —o sea, abarcando *todos* y *sólo* sus papeles, y,
por tanto, excluyendo los que cubran otros modos, como
el «indicativo» o el «subjuntivo»—, la más plausible me ha
parecido la siguiente: «El modo futuro *produce* virtual

mente, *en acto*, la unión entre sujeto y predicado», a diferencia, por ejemplo, del «presente» (entendiendo por tal el llamado «presente de indicativo» y el llamado «pretérito imperfecto»), que los enuncia ya dándolos por unidos. Lo que «se afirma» es esta unión ya dada, y sólo respecto de ella, evidentemente, ha lugar la determinación de si es verdadera o falsa, o sea la averiguación y el desmentido; sólo el prejuicio de la concepción del «tiempo objetivado» aplicada a la flexión del verbo puede dar algún sentido —indudablemente tan mítico como el perverso concepto de «destino»— a la palabra «averiguar» usada en la construcción «averiguar si es verdad que este año lloverá más que el pasado». Así es como la mentalidad positivista, culpable de haber fraguado esta objetivación del tiempo, viene a regurgitar, sin advertirlo, precisamente las ancestrales representaciones del antepasado del que más remotamente distante se pretende: la mentalidad mítica.

Quizá la aplicación del «futuro» que permite ilustrar más claramente su caracterización con una fórmula tan abstracta —o tal vez alegórica— como la de «modo que produce virtualmente, en acto, la unión entre sujeto y predicado» es la del papel que he designado como «deductivo». En efecto, cuando enunciamos el teorema de Pitágoras estamos predicando la relación entre los catetos y la hipotenusa (por supuesto, no habría dificultad para simplificar *ad hoc* el enunciado tradicional, haciendo de esta relación un solo predicado, a fin de convertir gramaticalmente en sujeto el triángulo rectángulo), o bien la relación entre esa relación y el triángulo rectángulo (en caso

de adoptar la simplificación propuesta) como una unión ya
dada entre sujeto y predicado, y por tanto sujeta, como al
«presente» corrresponde, a poder ser verdadera o falsa. Pero
una demostración, aunque de hecho pueda serlo de un teorema ya averiguado como verdadero hace más de dos milenios y medio, es concebida, bajo una especie de obligada
representación jurídica, como un proceso formal de producción, de pasos sucesivos, de una unión entre sujeto y
predicado. Es cierto que la demostración tiene específicamente por fin el de acreditar esa unión como verdad,
pero no lo es menos que representa justamente el proceso
racional capaz de producirla de derecho como tal verdad.
Que al empezar aún no se sabía –«no estaba *averiguado*»–
si lo que decía el teorema a demostrar era verdad o falsedad es el supuesto de partida –no ya ficticio, sino, en
todo caso, simplemente virtual– de la demostración; por
eso la predicación conclusiva, en la que el último «por
tanto» –o *ergo* o «luego»– cierra el eslabón final que corona la cadena deductiva de todos los pasos anteriores, tiene
el carácter –por no decir «ejerce la facultad»– de acto ope-
rativo que produce la unión entre sujeto y predicado.
Cuando un teorema conocido, como, por ejemplo, el de
Pitágoras, es sometido a la «averiguación deductiva» de la
demostración, la fe en el enunciado por sí mismo queda en
suspenso, porque no acepta ser ciega, y su verdad es puesta en entredicho hasta que no se la vea gestada, paso a paso,
a través de una fundamentación racional capaz de darla a
luz, o sea de «alumbrarla», sacándola de la ciega fe inicial.
El tradicional colofón latino *Quod erat demonstrandum* expre-

sa el cumplimiento de este tránsito en que el teorema va de lo invisible a los «ojos de la razón» a lo visible. En la actuación «deductiva» del futuro, la índole general propia del modo, definida por la función de «producir, en acto, la unión entre sujeto y predicado», toma el valor de producir esa unión en tanto que verdad: «…y por tanto la suma de los cuadrados construidos sobre los catetos *será* igual al cuadrado construido sobre la hipotenusa». Esta frase no va en presente, porque no *notifica* la unión entre sujeto y predicado como una unión ya dada, puesto que, con arreglo al supuesto y al sentido propio de la demostración, no era, antes de ésta, verdadera o falsa, sino que se pretende que es la propia demostración la que produce, como resultado, la unión y su verdad. Adelantándome a decir que, de manera análoga, una ley no es ley, o sea, norma de conducta obligatoria, antes de que el acto de enunciarla produzca su vigencia, se me ocurre preguntarme hasta qué punto no cabría llamar performativo, a semejanza del acto que, en el campo del derecho, *produce una vigencia*, el acto que, en el campo de la lógica, *produce una verdad*; pero me temo que sería una pregunta extremadamente temeraria, con un cortocircuito entre lógica y derecho capaz de hacer saltar una furibunda tempestad de chispas que, sin embargo, tal vez haría estremecérsele de júbilo los huesos en la tumba al viejo maestro de los «juicios sintéticos a priori».

Volviendo, pues, tras esta prolija aclaración, a nuestro caso, una frase en el modo «imperativo» se distingue del enunciado de una ley no sólo por no ser, en sí misma, obligante, como he dicho más arriba, sino también por ser específicamente «apelativa», o sea por lanzar directamente el predicado a la persona del oyente, y ocasional; así, pongo por caso, una orden dada por el señorito a su sirviente, como «Pon la mesa». Pero basta que esta orden ocasional se convierta en un mandato permanente, como el de poner la mesa todos los días, para que suene, no diré incorrecto, pero sí poco usual el imperativo «Pon la mesa todos los días» (a menos que haya una previa situación concreta que haga que la frase implique, por ejemplo: «y no, como tienes por costumbre, hoy sí, mañana no, según te venga»), y lo común es sustituir el modo «imperativo» por el modo futuro: «Pondrás la mesa todos los días». Pues bien, esta sustitución es, a mi juicio, sumamente ilustrativa. A falta de un examen más circunstanciado que lleve a una determinación tan inequívoca como sería la de desear, creo que puede decirse provisionalmente que este cambio de modo al pasar de una orden singular y ocasional a un mandato permanente responde a que el segundo es sentido como la asignación de un cometido regular, de una atribución de funciones que toma el rango de *norma* en el reglamento de la casa. La noción de «norma» no acepta en modo alguno cubrir una orden ocasional como la que se da en «imperativo», de tal manera que puede servir como piedra de toque para distinguir entre las funciones del modo «imperativo» y las del «futuro».

Una muestra, por vía negativa, del valor performativo del «futuro» nos la ofrece un dato de la vida familiar. Uno de los usos propios de este modo es el que he desig-

nado como «promisorio-minatorio», donde la doble denominación responde al hecho de que por «amenaza» —a la
que se refiere el miembro «minatorio»— entendemos propiamente la que se expresa con una oración condicional:
«Si te casas con esa mujer te desheredaré»; pero también
una promesa puede estar condicionada: «Si te portas bien,
te llevaré a Venecia», mientras que, por otra parte, los decires unimembres, o sea, no condicionales, son siempre, indistintamente, promesas, tanto si prometen un bien: «Te llevaré a Venecia», como si lo que prometen es un mal: «Te
desheredaré»; a falta, pues, de palabras específicas tanto
para la promesa incondicional de un mal (pues por «promesa» solemos siempre entender la de un bien), como para
la promesa condicional de un bien (pues por «amenaza»
sólo entendemos la que se expresa con una oración
bimembre, en que la apódosis es siempre un mal, pero
sujeto al incumplimiento de la condición enunciada por
la prótasis), tuve que recurrir a designar con el doblete
«promisorio-minatorio» lo que a la postre estimé como
una única y la misma actuación del «futuro», con el valor
performativo de «atar la voluntad» —no importa si condicional o incondicionalmente— a una acción determinada, para los cuatro casos en cuestión. Pues bien, este
valor performativo del «futuro» se manifiesta, negativamente, en un hecho como el de que a una madre que
no para de decirle a cada paso a un hijo díscolo y deso-
bediente que no hace más que fechorías frases como: «¡Te
voy a matar!», «¡Yo te mato!», «¡Yo a ti es que te mataba!», etcétera, jamás, en cambio, se le oirá decir: «¡Te mata-

ré!». En su inconsciente saber lingüístico, sabe perfectamente, sin saberlo, que el futuro de «¡Te mataré!» tiene un
valor performativo que lo hace absolutamente improfe-
rible contra un ser querido; sería impropio incluso pensar que su boca lo rechaza porque lo sienta como una
especie de tabú; más bien es que no puede tan siquiera
venírsele a la punta de la lengua, porque realmente no
existe en el vocabulario de una madre para con su hijo.
Es, por tanto el valor performativo del «futuro» el que,
aplicado a un semantema malo, como lo es el de «matar»,
hace que «te mataré» traspase el límite, invisible pero no
impreciso, tras el que empieza esa zona de decires a los
que el castellano suele aplicar la fórmula acuñada de «Esas
son palabras mayores». Podría decirse que el «presente»
es un modo «quieto», «inactivo», que «dice lo que ve», pero
«no hace lo que dice», mientras que el «futuro» es un modo
activo, que «produce lo que dice», y volviendo a la omi-
nosa connivencia entre el derecho y el destino, el «presente» sería como la corneja del refrán castellano: «Corneja posada non face agüero»; por eso la madre no teme
nada de la *corneja posada* del presente «te mato», «te mataba», «te voy a matar», mientras que siente que todo podría
temerlo de la *corneja volando*, activa, agorera, del futuro, «Te
mataré»; eso no se lo dice una madre a un niño.

El pasar de «Pon la mesa» a «Pondrás la mesa» podría tentarnos, a causa de lo que tienen en común, o sea
el carácter de «órdenes» o, por decirlo más prudentemente,
de «decires que quieren tener efecto en la conducta», a
considerar «perlocutivo» también el modo «futuro», pero

esto podría responder a la sugestión de dar mayor relieve
del que le corresponde al hecho de que el «futuro» tenga
también 2.ª persona, que es la única que tiene el modo
«imperativo». Pero, aun concediendo semejante pretensión, a ese supuesto valor perlocutivo del «futuro» –por lo
demás, insostenible para sus flexiones de 1.ª y de 3.ª persona– se le vendría a añadir y superponer, por supuesto
en las actuaciones que lo tengan, como en esta que, en mi
terminología privada y personal, recibe el nombre de
«futuro decretivo», el valor performativo, que es el que
se manifiesta en la capacidad de producir la «norma». El
enunciado de una ley no sólo manda, como un decir en
el modo «imperativo», sino que, además, *ata* al sujeto abs-
tracto y general a una norma de conducta obligatoria, al
igual que el sujeto particular, cuando promete, *ata* su
voluntad a una acción determinada; en ambos casos la
palabra ejerce una función performativa. En otras palabras, el enunciado de una ley no se reduce a emitir un
mandato obligatorio, como una orden dada en el modo
«imperativo»; no se agota en este mero valor perlocutivo
(en el supuesto de que fuese transferible al menos a la 3.ª
persona, como cabe hacerlo a través del «subjuntivo», que
es el modo al que se asigna la función de pasar un «imperativo» al llamado «estilo indirecto»: «Que ponga la mesa»
–procedente de «Le dice / Dile / que ponga la mesa»–),
sino que ejerce, además, una función –por no decir
«poder»– performativa, al producir, o «promulgar», o
«poner en vigor», una norma de conducta sometida a condición coactiva. La función de «producir, en acto, la unión

entre sujeto y predicado» propia del «futuro» se ejerce, en el enunciado de la ley, como poder performativo de producir vigencia.

En conclusión, el modo idóneo de enunciar la ley no puede ser más que el «futuro», nunca el presente. La incapacidad de éste para ejercer tal función legisladora no está sólo —como ya se ha dicho más arriba— en su función modal de conformar la predicación bajo especie de noticia, cosa que, ciertamente, no es la ley (ya que no puede ser verdadera o falsa —como tampoco lo es una orden dada en el modo «imperativo»—; no admite poder ser averiguada o desmentida, puede ser «abolida», que no es ser averiguada como *no verdadera*, sino ser convertida en *no vigente*); esa incapacidad está también en su total carencia de valor performativo —se entiende que en cuanto tal modo verbal en sí mismo y por sí mismo, o sea, al margen de que esté connotado en el propio semantema, como «prometo», «te perdono», etcétera—, intrínsecamente incompatible con la función notificante. De todo lo cual resulta que una ley cuyo enunciado se sirva del llamado «presente de indicativo», como en el caso del comentado párrafo primero del artículo tercero, al igual que en otros muchos pasajes de la actual Constitución, ni es ley ni cosa que ni de lejos se le pueda parecer, por cuanto no produce norma, no pone en vigencia, no promulga, no crea derecho, o, para decirlo más exactamente, *no escribe*. Así que cuando se dice: «La lengua oficial del Estado *es* el Castellano» se *da noticia* (verdadera o falsa) del contenido de la ley, de lo que *está escrito*; pero cuando se trata del acto verbal performativo que produce la ley misma, que la *escribe* (acto «escribiente», «productor», y, en cuanto tal, ajeno y heterónomo con respecto a cualquier predicación de la que quepa decir que es veradera o que es falsa), o sea de su enunciado, la «ley» gramatical exige que se diga: «La lengua oficial del Estado *será* el Castellano».

NOTA a «condición coactiva»: Es curioso que un «iuspositivista» –término que no he leído en parte alguna, pero que acaso podría aceptarse como opuesto a «iusnaturalista», salvando la dificultad de que el iusnaturalismo se refiere a un pretendido «derecho natural» sólo como fundamentación del «positivo», pero no niega la positividad de todo derecho escrito– como Hans Kelsen se apoye, en nota a pie de página, en una cita del iusnaturalista por antonomasia, santo Tomás de Aquino, para sustentar una proposición tan extremadamente «iuspositivista» como la de invertir la concepción tradicional de la coacción jurídica y de la relación entre delito y castigo en los siguientes términos: «La relación entre acto ilícito y consecuencia de lo ilícito no consiste, por lo tanto –como lo supone la jurisprudencia tradicional–, en que una acción u omisión, al constituir un acto ilícito o delito, está conectada con un acto coactivo como consecuencia de la ilicitud, sino que una acción u omisión es un acto ilícito o delito *porque* [cursiva mía] se le ha conectado un acto coactivo como su consecuencia. No consiste en ninguna propiedad inmanente ni tampoco en ninguna relación con alguna norma metajurídica, humana o divina, es decir, en ninguna relación con un mundo trascendente al derecho positivo, aquello que hace de determinada conducta humana un acto ilícito o delito, sino exclusiva y únicamente en el que sea convertida, por el orden jurídico positivo, en condición de un acto coactivo, es decir, en condición de una sanción.» (Hans Kelsen, *Teoría pura del derecho*, Universidad Nacional Autónoma de México, México, 1981, p. 126.) No creo –dicho sea de paso– que comporte ninguna idea descabellada o temeraria por mi parte, la de poner en relación este pasaje con las ideas de Walter Benjamin sobre la afinidad entre el derecho y el destino, por ejemplo en frases como: «Las leyes del destino, infelicidad y culpa, son puestas por el derecho como criterios de la persona; pues sería falso suponer que en el cuadro del derecho se encuentra sólo la culpa; se puede demostrar, en cambio, que toda culpa jurídica no es más que una desgracia», o bien, más adelante: «El juez puede ver el destino donde quiere; en cada pena debe infligir ciegamente el destino». (Walter Benjamin, *Ensayos escogidos*, Editorial Sur, S. A., Buenos Aires, 1967, p.p. 133 y 134.)

§ 4. (*Construcción verbal y construcción nominal*). Pasando ahora a la segunda frase de este famoso párrafo 1.º del artículo 3.º de la Constitución, que dice literalmente: «Todos los españoles tienen el deber de conocerla y el derecho a usarla», no tengo nada que añadir a lo ya dicho sobre el uso del llamado «presente de indicativo», en que se reincide aquí con ese «tienen», sino que el nuevo objeto de querella va a ser la construcción «el derecho a usarla». La construcción sintáctica «Tener derecho a + infinitivo»,

como en «Tengo derecho a bailar» es una construcción
estrictamente verbal, que tal vez podría interpretarse bajo
el entendimiento de que «tener» y «derecho» vendrían a
unirse sinsemánticamente, formando un solo y unitario
cuerpo verbal («hacer frente», «dar guerra», «plantar cara»,
«pedir socorro» podrían ponerse como ejemplos de lo
mismo, salvo que por haberlos espigado *in promptu* se me
haya deslizado algún error); pero al entremeter entre ellos
el artículo «el» para «derecho» rompemos este unitario
cuerpo sinsemántico [3] y le hacemos perder el mencionado carácter de construcción verbal, haciendo aparecer
en su lugar una construcción nominal, separada del verbo
«tener» y formada por «el derecho» con su determinante. Ahora bien el determinante de una pieza nominal se
liga —por supuesto, a menos que sea un adjetivo, que no
precisa más ligazón que la de la mera concordancia— al
sustantivo titular con la preposición ad-nominal por exce-
lencia: «de». Un verbo simple que también se construya
con «a + infinitivo», como, por ejemplo, «aspirar» puede
mostrarlo: «Aspiro a cantar» suena divinamente, pero ¿qué
tal les suena a ustedes: *«Tengo la aspiración a cantar»?
Aunque este ejemplo no sea rigurosamente idéntico, tiene
toda la validez que se precisa para lo que aquí importa, o
sea para *«tienen el derecho a usarla». Una vez que, con
el artículo «el» antepuesto a «derecho», se rompe la construcción verbal «tener derecho» y se pasa a una construcción nominal, como complemento directo de «tener»,

3. Véase el § 5, nota 1.

las «leyes» del castellano exigen sustituir ese «a» por «de»: «la aspiración de cantar», «el derecho de usarla». Pero la prueba de fuego para distinguir, sin equívoco posible, la construcción verbal de la construcción nominal es la pronominalización. Para esta prueba, a la frase «Tengo derecho a cantar» hay que añadirle a «cantar» un segundo infinitivo, a fin de poder pronominalizar la segunda recurrencia de «derecho»; puesto que hay que añadírselo a «cantar», el más apropiado me parece «bailar». Pues bien, a menos que el castellano esté ya en vías de liquidación supongo que, mientras cualquiera aceptaría: «Tengo derecho a cantar y a bailar», me temo que, por el contrario, le chirriaría como un cojinete desengrasado y enarenado la construcción siguiente: *«Tengo el derecho a cantar y el a bailar», donde «derecho» ha sido pronominalizado, dejando al solo artículo el encargo de representarlo delante de «a bailar». Siempre contando con un oído castellano todavía no totalmente pervertido, ¿acaso no le sonaría mucho mejor «Tengo el derecho de cantar y el de bailar»? El experimento de la pronominalización —naturalmente, para el que le conceda la misma validez que yo le doy— ha venido a probar que «tener derecho (a)» es una construcción verbal, en la que «tener derecho» forma un mismo cuerpo, equiparable a cualquier verbo de una sola palabra, como «aspirar», mientras que la introducción del artículo «el» entre «tener» y «derecho» forma una construcción nominal con «el derecho + su determinante», que hace que la frase se divida así: «tener / el derecho + de + infinitivo», donde el nexo ad-verbal «a» propio del cuerpo verbal «tener dere-

cho» —al igual que del verbo «aspirar»— ha sido sustituido
por la preposición ad-nominal «de» (sin perjuicio de que
«de» pueda ejercer también de nexo adverbal, a menudo
justamente en alternancia con «a», como en «subir a la
montaña» / «subir del valle» / / «bajar de la montaña» /
«bajar al valle», ya que «de la montaña» no se puede «subir»
ya más que «al cielo», así como «del valle» no se puede
«bajar» ya más que «al infierno»; así como «a» puede fungir, a su vez, casi siempre recogiendo esta misma alternancia de sentidos en parejas en oposición de verbos de
movimiento, como «subir / bajar», «ir / venir-volver»,
«salir / entrar»: «la ida a Zaragoza fue más grata que la veni-
da-vuelta de ella». Don Antonio Ponz tenía sobre este
punto un criterio más riguroso que el de hoy, pues aunque el nombre no llevase artículo, tuvo por correcto sustituir el adverbal «por» de «viajar por», por el adnominal
«de» en el título de su libro: *Viaje de España*, donde hoy
se preferiría unánimemente «Viaje por España». Por último, «viajar» no admitía hasta hace poco, a diferencia de
«ir», determinación de término, pero hoy, en lugar de «ir
a Zaragoza», se dice, o incluso se prefiere *«viajar a Zaragoza», incorrección originada, casi con certeza, en un
anuncio de la TWA que coronaba el alto edificio de la
esquina de Francisco Silvela con la avenida de América
—aunque allí probablemente no ponía «viajar», sino «volar»,
cuando se trata de desplazamientos humanos en una u
otra clase de vehículos—. He tachado de incorrección la
fórmula «viajar a Zaragoza», y la he marcado con un aste-
risco volado, aunque tal vez debería resignarme a apear-

lo, dada la actual generalización del uso, aunque a mí, seguramente porque estoy irrecuperablemente anclado en el *Ancien Régime*, todavía me rechina en el oído como cuando alguien rasca la pared; no obstante, la justificación de ello debe de estar en que «viajar» no tiene un contra-verbo de sentido opuesto, como «subir» tiene «bajar», ni admite la inversión mediante el cambio de preposición, conservando el mismo verbo, como «irse *a* Zaragoza» / «irse *de* Zaragoza», pues, en efecto, *«viajar a Zaragoza» no tiene el correlato de sentido inverso «viajar de Zara-goza». De modo, pues, que, para estar en castellano, en esa misma lengua que pone o, mejor dicho, trata infructuo-samente de poner en vigor bajo la condición jurídica de lengua oficial del Estado, el referido párrafo primero del artículo tercero de la Constitución, debería decir así: «La lengua oficial del Estado será el castellano. Todos los españoles tendrán el deber de conocerla y el derecho de usarla».

§ 5. *(Notas)*. 1. La rotura de la unión sinsemántica por la interferencia del artículo se produce también en cons-trucciones nominales: mientras «el traje de soldado» no puede ser más que un uniforme militar, en cambio, «el traje de*l* soldado» puede ser perfectamente un traje de pai-sano, siempre que nos movamos, claro está, en el terreno de la mención particular; en el de la mención universal, donde la lengua reflexiona sobre sí misma y «el soldado» no mienta más que *lo nombrado*, «el traje del soldado» es necesariamente un uniforme, supuesto que el artículo «el» en funciones de formador de universales no ejerce su determinación más que sobre el contenido semántico del nombre, donde lo *mentado* con «el soldado» es lo *nombrado* por la palabra «soldado». En cuanto a la formación del universal con el artículo determinado, propia de las lenguas neolatinas y del alemán, frente al inglés, donde el universal se forma con el mero nombre sin artículo, con la respectiva distinción o indistinción entre la *suppositio materialis*, en la que el alemán y las lenguas neolatinas no ponen artículo: «*Soldado* es un sustantivo», y la *suppositio simplex*, o sea la del universal, en la que esas lenguas, sintiendo que el acto intencional comporta una mención y, por lo tanto, que hay un *aliquid* mentado, ponen artículo determinado: «El soldado es el hombre que tiene la función de pelear en la guerra», mientras que el inglés, omitiendo el artículo en uno y otro caso, iguala gramaticalmente ambas *suppositiones*, es una diferencia que tal vez podría explicar la muy marcada propensión de los ingleses —en comparación con los hablantes de esas otras lenguas europeas— hacia el nominalismo. Quiero decir que esa peculiar indistinción entre la palabra en cuanto «voz», o sea en cuanto universal fonémico y, como tal, asémico —que en las lenguas romance y en alemán se *cita* sin artículo— y la palabra en cuanto universal semántico —que en esas lenguas se *mienta* con artículo, en una mención refleja sobre la lengua misma, sobre lo que esa voz *nombra* en el seno de ésta—, haría, ya en principio, del inglés una «lengua nominalista». El inglés Guillermo de Occam, fraile franciscano, que fue la máxima y más radical autoridad de la facción nominalista, por mucho que filosofase todavía en latín —donde no se da un problema exacto de *con / sin artículo*, sino la inestable situación medieval que fue arreglándose con demostrativos, hasta que los romances desarrollaron y estabilizaron el suyo a partir de «ille»—, bien pudo ser influido por su lengua materna al afeitar con su navaja —demasiado afilada, a mi entender, para reseguir con la destreza y suavidad del buen barbero la superficie de nacimiento de las barbas, sin hacer cortes en el cutis del modelado y modulado rostro de las cosas—, entre otras muchas distinciones, también, expresamente, la que media entre la *suppositio materialis* y la *suppositio simplex*, asunto decisivo en la secular —y aún hoy, cosa que nadie se atreve a confesar, cobardemente sobreseída, pero no resuelta— querella entre realistas y nominalistas. Occam sirvió en franciscana escudilla de madera, que al cabo resultaría ser bandeja de oro, al positivismo y al individualismo liberal precisamente la filosofía que necesitaban, hasta la extrema indigencia mental de una presunta sociología que dice: «¿La sociedad?, ¿dónde está eso? Yo no veo más que individuos».

2. Es hasta estúpidamente ocioso decir que el género no puede fungir nunca de determinante de la especie, ya que, por definición, ésta lo implica, de manera que en lenguas de posposición, como las neolatinas, el nombre del género no puede aparecer pospuesto al de la especie; decir «el pino conífero» comportaría sustituir la taxonomía botánica establecida y aceptada por otra en la que «pino» no implicase «conífera» y en la que, por tanto, hubiese pinos no pertenecientes al género de las conífe-

ras. Por otra parte, al decir «la conífera "pino"» estamos haciendo una determinación que algunos gramáticos refinados y sagaces han caracterizado como «epexegética». En latín hay dos formas gramaticales de epexégesis; una, al parecer más antigua, por aposición: «*Urbs Roma*», y otra, más moderna, con genitivo: «*Urbs Romae*»; esta función del caso adnominal se ha designado expresamente como «genitivo epexegético». El castellano ha heredado ambas formas de epexégesis, pero las ha distribuido rigurosamente entre las clases de géneros determinados; así, en la toponimia, el género «río» exige la determinación epexegética por aposición: «El río Tíber», mientras que el género «ciudad» la exige con «genitivo» (o sea, con «de» + nombre) epexegético: «La ciudad de Roma», en lo que es muy posible que se haya sujetado a las fórmulas más tardías del latín clásico, en las que tal vez –es una suposición mía, que no puedo asegurar– se conservaba la epexégesis por aposición cuando el género era neutro: «*Flumen Nilus*» (invierto *ad hoc* el orden más usual, *Nilus flumen*, para marcar la aposición según la regla de determinación del castellano), mientras que se reservaba el genitivo epexegético cuando el género a determinar era de género femenino o masculino: «*Urbs Romae*», «*Portus Caietae*», lo que se ha conservado en castellano, pues no decimos *«El puerto Gaeta», sino «El puerto de Gaeta», y entre los terrestres, que también eran *portus* (o *portas*, cuando no atravesaban por lo alto una cadena montañosa, sino que la cruzaban por un desfiladero: «Portas Cilicias») en latín: «El puerto de Tornavacas». Ítem más, en castellano, cuando la epexégesis se

hace por aposición, como en «El río Tajo», la mención
determinada se hace con artículo: «El Tajo», no así cuando se hace con «de», como en «El puerto de Tornavacas»:
nadie dice *«El Tornavacas», sino «Tornavacas». Finalmente,
la determinación epexegética parece aparejar una *suppositio materialis* para el determinante, en ambas fórmulas
gramaticales; lo cual es, desde luego, evidente, por definición, en casos como «La palabra "calor"», pero ya no
lo es tanto en casos como «El concepto de "calor"». Yo,
por mi parte, me inclino a suponerlo también en el segundo caso, bajo el entendimiento de interpretarlo como «El
concepto de [la palabra] "calor"», pero estoy dispuesto a
que se me discuta, bien sea para matizarlo o para recha-
zarlo; en el primer caso todos pondrán «calor» entre comillas o en cursiva, en el segundo, hay quien lo hace y hay
quien no. Comoquiera que sea, la peculiaridad absolutamente distintiva y específica de la determinación epexegética es que ni con nombres propios ni con comunes
ejerce una función determinante cualificadora, semántica; lo cual puede mostrarse también con los nombres de
género categoriales, como «color»: mientras «El caballo
blanco» mienta a un caballo determinado «que es blanco», «El color blanco» no mienta ningún color «que sea
blanco» como no hay ningún río «que sea Tajo», ninguna
ciudad «que sea de Roma», ningún concepto «que sea
de calor»; sólo hay un color «que se llama *blanco*», un río
«que se llama *Tajo*», una ciudad «de nombre *Roma*», un
concepto «de lo que llamamos *calor*» o «de lo que entendemos por *calor*». No nos confunda, a este respecto, el

hecho de que podamos hacer predicaciones de identificación, como «Este color es *el* blanco» (nótese la necesi-
dad del artículo), «Este río es *el* Tajo» o «Esta ciudad es
Roma» (donde no ponemos artículo), según la regla que
prescinde de él en géneros como «ciudad», cuya epexégesis no se hace por aposición, sino con «genitivo»: «La
ciudad de Roma», frente a los que la hacen por aposición,
como «río»: «El río Tajo», que exigen llevar artículo en la
mención. Las predicaciones de identificación no son exclu-
sivas de la determinación epexegética, sino que pueden
perfectamente hacerse en casos de determinación semántica, como «La casa azul»: mientras «Esta casa es azul» es
una predicación cualificadora, «Esta casa es *la* azul» es una
predicación de identificación, como lo muestra el sentido meramente «expositivo» de los distintos enroques —en
verdad, «Esta casa es la azul» ya sería, por mor de la pronominalización de «casa», una forma enrocada de «Ésta es
la casa azul»—, que da noticia de qué casa es ésta, se haya
o no se haya preguntado, mientras que la anterior forma
enrocada, da noticia de cuál de las casas es ésta, en tanto
que la tercera fórmula posible, en la que sería impropio
hablar de «enroque»: «La casa azul es ésta», notifica cuál es
la casa azul. Mientras que el enroque de la predicación
cualificadora, «Esta casa es azul» tiene, o bien un valor
enfático —admirativo, exclamativo—: «¡*Azul* es esta casa!»,
o bien un valor de réplica: «*Azul* es esta casa» («no verde»,
«no la de enfrente», etcétera). Con todo, es posible que
pueda descubrirse algún último criterio distintivo —con
el que yo no he llegado a dar— entre la *suppositio materia-*

lis de «La palabra "calor"», y la de «El concepto de "calor"», o la de «La ciudad de Roma», o la de «El río Tíber», o, finalmente, la de «El color blanco» (donde es interesante observar cómo el género «color», cuya epexégesis se hace por aposición, como la del género «río», guarda la misma regla de que la mención se haga con artículo: «El Tajo», «El blanco»). Comoquiera que sea, puede decirse que toda palabra que actúa en funciones de determinante epexegético, ya sea por aposición o en «genitivo» (en castellano, «*de*» + *sustantivo* en posición adnominal), queda reducida a la condición de universal fonológico y convertida, por lo tanto, en asémica, aunque sea un nombre común. El nombre propio es siempre, por su propia naturaleza, asémico, si bien cabe distinguir entre el caso en que ejerce una epexégesis: «*Urbs Romae*», «La ciudad de Roma», y el caso en que cumple una mención: «*Quantum repeto Romam!*», «¡Cómo añoro Roma!».

Pues bien, tal como, según decía al principio, el género no puede fungir de determinante de la especie, por la lógica misma de las taxonomías, resulta que también parece rechazar —esta vez sin razón lógica aparente que lo justifique— la posición epitética, no determinante, que en lenguas de proposición como el castellano, es la antepuesta al sustantivo. ¿Cómo les sonaría a ustedes la siguiente descripción: «Por encima de los coníferos abetos revoloteaban las córvidas cornejas, mientras en el claro las rumiantes vacas pastaban mansamente la gramínea hierba y la ofidia culebra perseguía a las batracias ranas»? Me atrevo a suponer que les sonaría cuando menos un tanto ridículo. La razón de ello no es, desde luego, lógica, pero tampoco parece responder a ninguna prohibición gramatical; me atrevo a suponer que reside en un principio lingüístico por el que se regula la motivación adecuada de la función epitética. El epíteto es redundante por definición; su cometido es el de encarecer o recordar ante los ojos de la mente un determinado rasgo específico de la cosa evocada. ¿Qué es lo que pretende el que nos dice «La blanca nieve» o «La verde hierba», si estamos más que hartos de saber que no hay más nieve que la blanca y no hay más hierba que la verde? Sólo quiere solicitar nuestra imaginación para hacernos más vívido lo representado; pero esto puede hacerlo un rasgo cualitativo imaginable, visual o no visual, incluso un rasgo de carácter: «La prudente culebra», «El tímido conejo», notas ajenas a la comprensión, como estas últimas, o pertenecientes a ella, como en «La blanca nieve», si es que la nieve implica la nota «blanco» tanto como «rubí» y «esmeralda» parecen implicar, respectivamente, las notas «rojo» y «verde»; pero también el género, se me podría decir, está implicado en el nombre de la especie, ¿por qué no puede funcionar como epíteto? Creo poder responder que justamente por su condición de género, y, como tal, con una comprensión que tiene menos notas que la especie y que, por tanto, se extiende a otras especies con notas que son ajenas a la especie que el epíteto trata de hacer más perceptible ante los ojos de la imaginación; el epíteto tendría que encarecer, por consiguiente, una nota específica de lo representado. Sólo de una manera puede el género encarecer epitéticamente el objeto en cuestión; haciendo de la pertenencia de éste a semejante género un título de prestigio singular; para lo cual, en nuestro caso, si lo que se pretende es, como parece, recordar muy encarecidamente la especial españolez del castellano, el recurso más común y más a mano sería el de sustituir «La española lengua castellana» por «La españolísima lengua castellana», de suerte que ese plus de españolez que añade «españolísima», a pesar de ser una derivación del género, se trocaría en el equivalente de un rasgo específico exclusivo y privativo.

II. El nombre de la lengua

§ 6. *(Criterios).* Y ahora, finalmente, ¡alabado sea Dios!, me toca sacar la cara por el texto de la Constitución, defendiendo que a la lengua cuyo nombre se ha visto tantas veces y tan temerariamente puesto en entredicho se la llame, tal como allí se hace, «castellano». Mucho es lo que se ha argüido sobre el caso y, por lo que se me alcanza, siempre con la exigencia de que ese nombre se le cambie por la denominación de «español». Con semejante pretensión han venido últimamente, como he dicho al principio, desde la misma Nueva York, y, en general, tengo la impresión de que las numerosísimas reclamaciones contra el nombre de «castellano» han procedido, bastante más que de la propia España, de las repúblicas criollas. Pero una lengua tiene un único nombre verdadero, más que si se tratase del nombre de pila con el que una persona fue en su día inscrita en el Registro Parroquial y bajo el cual figura en su fe de bautismo y en su partida de nacimiento, en la medida en que este nombre de persona fue arbitrariamente elegido por unos hablantes singulares: sus padres, aunque a veces con el consenso de algún otro familiar, mientras que el de una lengua no procede de ninguna decisión deliberada y personal, sino que se va fijando espontáneamente por la voz anónima y ubicua de una comunidad de hablantes, como el nombre de una comarca natural o de un accidente geográfico cualquiera: ¿quién le puso «La Alcarria» a La Alcarria o «La Mujer muerta» a esa montaña que está sobre Segovia? El nombre de una lengua es como un nombre geográfico, pero de lo que suele llamarse «geografía natural», no de «geografía política», que es la que se permite bautizar y rebautizar, por ejemplo, una ciudad, como San Petersburgo, luego Pietrogrado, más tarde Leningrado, y por fin otra vez San Petersburgo, porque una lengua, como no sea el esperanto, no es una fundación política, sino una formación natural –por mucho que haya instituciones que intenten y a veces hasta logren intervenir en ella–, no es como los embalses de Entrepeñas o de García Sola, sino como las lagunas de Ruidera o la de Gallocanta. Las lenguas que –excluyendo de nuevo el esperanto– llamamos «naturales» tienen su propio nombre natural, que es el «de nacimiento»; y es este «nombre de nacimiento» el que puede permitir su más precisa, y a menudo única, determinación, ya sea toponímico –tomado del nombre de la *gens* o la etnia originaria en cuyo seno se formara–, sin perjuicio de que a menudo se entrecrucen, a veces contradictoriamente, ambas maneras de nombrar: la etimología de «inglés» es, por ejemplo, el nombre étnico de los Anglos, pueblo que desde el istmo de Jutlandia pasó a la actual Inglaterra y dio el nombre de Anglia a la porción de tierra conquistada, así como los Sajones dieron nombre a las comarcas de Sussex, Essex y Wessex; pero los Anglos tuvieron más suerte, porque no sólo extendieron su nombre a toda Inglaterra, sino que, a partir de este topónimo, extendieron la raíz al nombre de la lengua (aunque algunos más escrupulosos han preferido llamarla «anglo-sajón» antes que «inglés»). Con todo, el inglés, a pesar de la tremenda alteración lingüística que produjo la invasión Normanda, conserva bastante de la lengua de los Anglos, junto con la de los Sajones. Con el francés, por el contrario, la cosa fue más estrepitosa, pues si el pueblo Franco dio nombre a Francia, el francés, nombre de lengua sacado del nombre del país, apenas conserva, si es que no me equivoco, un puñado de raíces procedentes de la originaria lengua de los Francos.

Algunos han argüido que llamar «castellano» a la lengua que ellos quieren que se llame «español» sería «ignorar la historia»; pero aun en el supuesto de que importe mucho recordarla encapsulada en una única palabra, me parece que sería justamente lo contrario, ya que la historia no puede ser aludida, en todo caso, por un corte sincrónico dado a la última altura, sino, no ya recordada, pero al menos esquemáticamente simbolizada, por una perspectiva que ofreciese la máxima profundidad diacrónica. Pero esto ni tan siquiera puede ser un motivo razonable, sino más bien un argumento tirando a delirante, para preferir una palabra antes que otra como nombre de una lengua.

También el escritor y periodista nicaragüense Pablo Antonio Cuadra, al parecer igualmente movido por alguna especie de idea como de representación histórica, en un artículo del diario *La Prensa*, de Managua, se decantaba, según creo entender en una breve cita recogida por el *Informaciones*, de Madrid, por la abolición del nombre de «castellano» en la Constitución y su suplantación por la denominación de «español», alegando, para ello, entre otras cosas, lo siguiente: «En América es que el castellano se vuelve español». En general, las repúblicas criollas, tan prolíficas y casi siempre afortunadas inventoras de novedades léxicas, han pasado, en cambio, como el caballo de Atila sobre el que es probablemente el más complejo y refinado sistema gramatical de entre los de las restantes lenguas de Occidente, el más capaz de diversificar y graduar direcciones de sentido y de disminuir las posibilidades del equívoco.

Otros —estos más bien de la metrópoli— han acometido contra el nombre de «castellano» empleado en el texto de la Constitución, arguyendo que cómo el nombre de la lengua oficial del Estado español podría ser otro que «español». Aunque aceptásemos —cosa que, desde luego, yo me niego a aceptar— que el nombre de la lengua oficial,

en tanto que oficial para todo el Estado, tuviese que ser
ése, el enunciado de la propia ley que instituye una lengua
determinada como lengua oficial es justamente el único
texto que no puede adelantarse a designarla con el nombre que, según esas personas, tendría que recibir por ser
lengua oficial; ese texto tiene necesariamente que determinar cuál es esa lengua, para poder establecerla como lengua oficial. Y el enunciado de la ley en la que se decide
cuál será esa lengua no tiene más remedio que determi-
narla designándola por su único nombre específico y dife-
renciado, o sea por su nombre verdadero: «castellano». Y el
propio hecho de que la ley se haya visto obligada a recurrir inevitablemente a designarla como «castellano» es el
más sólido argumento para corroborar que ése es, en verdad, su único nombre verdadero.

Ya he dicho que una lengua no pertenece a lo que
llamamos «geografía política», sino a la «natural»; por eso
se habla de «lenguas naturales», y éstas son justamente las
que han fijado desde antiguo, y de manera espontánea, el
criterio para designarlas, hasta hoy universalmente consagrado y recibido: o sea el «nombre de oriundez», ya
sea gentilicio, como «el arameo», ya sea toponímico, como
«el castellano», «el francés» o «el inglés» —en estos dos últimos casos, etimológicamente gentilicios, el primero de
los Francos, el segundo de los Anglos; la denominación
de «anglosajón» para «el inglés» debe de ser una reivin-
dicación deliberada del origen gentilicio hecha por lin-
güistas—. En cuanto al arameo, es un nombre gentilicio,
sacado de los Arameos, una tribu del pueblo nómada de

los Ajlamu que frecuentaba una región más o menos vasta, al parecer con centro en la antigua ciudad de Tadmor, cuyo nombre fue más tarde *políticamente* cambiado por el de Palmira. En sus campañas contra los arameos, el emperador asirio Tiglatpileser I se vio obligado a cruzar el Éufrates nada menos que veintiocho veces, contando idas y vueltas; pues bien, a pesar de esto, el arameo llegó a convertirse en *lingua franca* −hoy «lengua oficial»− de todo el Imperio Asirio, desde Gaza hasta el actual emplazamiento de Basora, acabando por desplazar del todo, incluso como lengua común, al acadio y a los ya sumamente menguados residuos del sumerio, y, sin embargo, nunca se le cambió, sustituyéndolo por otro «más histórico», el originario nombre gentilicio de «arameo». Acaso los Escitas o los Lidios poco ilustrados o no viajados, al enterarse de que era la lengua que se hablaba en el Imperio Asirio, se dijesen: «¿Qué es lo que hablan estos extranjeros? Pues será el asirio».

Otrosí, los topónimos de geografía natural, Europa, Asia y África designaban, en un principio, el primero de ellos, una franja más o menos profunda de Tracia sobre la costa norte del Helesponto, el segundo, la parte occidental de la península de Anatolia, con las islas Espóradas más orientales y las del Dodecaneso, el tercero, más o menos lo que hoy forma el Estado de Túnez, probablemente con una franja fronteriza de lo que hoy son Argelia y Libia; pues bien, nadie tampoco se ha asustado al ver extenderse el topónimo «Europa» desde el mar de Mármara hasta el cabo Norte y desde Finisterre hasta los

Urales, el topónimo «Asia» desde Esmirna hasta el estrecho de Bering, y el topónimo «África» hasta abarcar el inmenso continente que huelga definir. De modo que el nombre «natural» de esos tres continentes se ha tomado del de las respectivas regiones de origen, donde empezó (para los helenos en los dos primeros casos y para los romanos en el tercero; si bien es cierto que África fue también nombre político de una provincia romana, ampliada al oeste por Augusto con una estrecha franja de Numidia y que fue designada con el nombre de «África Noua») el ulterior y sucesivo conocimiento de la geografía. Ni a la lengua natural se le ha pasado, de manera espontánea, por las mientes ir cambiando estos naturales «nombres de oriundez» por otros que diesen cuenta de las subsiguientes ampliaciones que fueron dilatando inmensamente la extensión territorial de lo que mentaban, ni ningún geógrafo o político ha tenido el impertinente atrevimiento —quizás tan sólo porque no se le ha ocurrido— de hacerlo o proponerlo. Europa, Asia y África han conservado, así pues, el nombre de la región en que nacieron. Del mismo modo, tres lenguas universales han seguido el criterio lingüísticamente natural de tomar nombre por su lugar de nacimiento o por el pueblo que originariamente las hablara: el latín, el árabe y el inglés. Sólo a los castellanos —o, más aún, a los castellanoparlantes, por no decir castellanomalparlantes, de las repúblicas criollas— se les ha ido a ocurrir cambiar el nombre verdadero de su lengua por una denominación más «histórica» o política.

Es cierto que esta espuria denominación de «español» para la lengua castellana pudo ser aceptada, al parecer, incluso por los propios Castellanos —entendiendo por tales todos los súbditos de la Corona de Castilla, desde Santillana hasta Tarifa, que, con mayores o menores diferencias dialectales, hablaran esa lengua— posiblemente ya a mediados del siglo XVI. Sin embargo, es sabido que de los españoles que —junto con napolitanos, milaneses, mercenarios suizos y landsquenetes alemanes, si es que no me equivoco— formaban los tercios de Flandes («Italia mi ventura, Yndias mi desventura, Flandes mi sepoltura», dice el viejo refrán, aunque a las Yndias nunca fueron, en verdad, al menos hasta el siglo XVIII, soldados como tales) la inmensa mayoría eran Castellanos. Con lo que quiero decir que lo que pienso que pudo pasar es algo semejante a lo que más arriba he supuesto que podría haberles pasado a los viajeros asirios entre los escitas o los lidios: «¿Qué soldados son éstos?» —se preguntarían en Europa— «Los que vienen de España», de lo cual sacarían la conclusión inmediata: «Entonces, eso que hablan es el "español"». Flandes habría sido, así pues, la «sepoltura» no sólo de muchos millares de soldados castellanos, sino también del nombre verdadero de su lengua, a medida que esa impropia y equívoca denominación de «español», devuelta de reflejo desde Europa, se fuese poniendo, como un sinónimo o segundo nombre, al costado de «castellano». Sólo con una hipótesis como ésta, o alguna semejante, podría explicarse, a mi entender, tamaña anomalía como la de que una lengua comparta su nombre verdadero con una denominación circunstancialmente sobrevenida, errónea y total-

mente contraria al criterio natural y milenariamente consagrado para los nombres de las lenguas, hasta llegar, de
hecho, a verse casi suplantada por esa nueva denominación
inapropiada hoy reclamada incluso de derecho por multi-
tud de hablantes que querrían verla impuesta por las leyes.
(Con todo —y permítaseme la libertad de traer a colación
mi experiencia personal—, el nombre de «castellano» era
todavía el único vigente en mi familia: mi padre, de cuya
prosa castellana no me corresponde a mí juzgar, ni tan
siquiera en situaciones coloquiales cotidianas usó jamás otra
palabra; respecto de lo cual, tengo el recuerdo muy concreto del reproche que me dirigía cuando no le hacía caso:
«¡Me parece que estoy hablando en castellano!».)

Una de las soluciones que se barajaron en las discu-
siones sobre el citado artículo de la Constitución fue la del
título del diccionario de Covarrubias: «Tesoro de la lengua castellana o española», cuya primera edición es de
1611. Pero en esto me parece oportuno reparar en una
extraña anomalía: mientras en la primera recomendación
del libro, suscrita por un tal Pedro de Valencia el 3 de
mayo de 1610, el diccionario es mentado como «Tesoro
de la lengua castellana» —al igual que en la tasa, firmada
en noviembre de 1611 por Jerónimo Núñez de León—,
en cambio, en la licencia real, firmada por «YO el Rey»
y suscrita en su nombre por Jorge de Tovar, el diccionario aparece mentado con el título «Tesoro de la lengua
española». Pues bien, ¿no cabe aquí la conjetura de que,
ante esta tergiversación del título en la licencia firmada
nada menos que por el rey Don Felipe III, aunque redac-

tada por el tal Jorge de Tovar, el autor y el impresor se viesen obligados a añadir en la portada esa denominación alternativa de «o española»? A pesar de esto, si don Jorge de Tovar o acaso el propio rey, aunque es de sospechar que se le daba bien poco de estas cosas que nada tenían que ver con perdices ni venados, tergiversaron el título del diccionario y el nombre de la lengua, si es que no trataban incluso de imponer la espuria denominación, ello no puede significar sino que tal extranjerismo —«extranjerismo», según mi propia conjetura— tenía que estar al menos bastante recibido en algunos sectores de los mismos hablantes castellanos.

El caso habría parecido mucho menos sorprendente en el reinado de Felipe V, cuando se fundó la Real Academia Española de la Lengua, por motivos que huelga recordar. El académico don Julián Marías, senador durante la redacción de la constitución actual y que se decantaba por la denominación de «español», en un artículo titulado «¿Cuántas divisiones tiene el Papa?» (*El País*, 6 de agosto de 1978), alega, en efecto, el argumento de que en el prólogo del primer diccionario de la Real («Autoridades»), de 1726, se diga «español» nueve veces en ocho páginas. Dejando aparte el hecho de que nueve veces en ocho páginas de un mismo texto parece que no puedan hacerse valer por nueve testimonios, sino por uno solo, el caso es que incluso aquellas autoridades conservaron en el título del diccionario el nombre natural de «lengua castellana».

Invocando, en el mismo artículo, testimonios más antiguos, Marías apela nada menos que al cardenal Pie-

tro Bembo (contemporáneo en su juventud de la ancia-
nidad de Nebrija y tenido por el mejor latinista y «escritor latino» de su tiempo y autor del increíblemente lau-
datorio epitafio de Raffaello Sanzio en su tumba del Pan-
teón de Agrippa), del que transcribe el siguiente pasaje:
«Poichè le Spagne a servire il loro Pontefice a Roma i loro
popoli mandato aveano e Valenza il colle Vaticano occupato avea, á nostri uomini e alle nostre donne oggimai
altre voci altri accenti avere in bocca non piaceva che
Spagnuoli».[4]

§ 7. *(I catalani).* Sin tener en cuenta el hecho de que aun
en el supuesto de que la denominación de «español» para
el castellano fuese corriente en Italia a principios del siglo
XVI no sería válido inferir que lo fuese, siquiera sea opta-
tivamente, en España y en Castilla, ¿por qué Marías da
por evidente que Bembo, en ese pasaje que se refiere a la
corte de Alejandro VI, con «voci» y «accenti» «spagnuoli»
está aludiendo al castellano y no más bien al catalán y, en
todo caso, *también* al castellano? Ante todo conviene recordar que desde finales del siglo XIII y durante casi dos siglos
las relaciones de los Estados de Italia con los de España fue-

---

4. Gregorovius cita este mismo pasaje con algunas variantes ortográ-
ficas y morfológicas: «Poi che le Spagne a servire il loro pontefice a Roma
i loro popoli mandati haveano, et Valenza il colle Vaticano occupato havea,
a nostri huomini et alle nostre donne hoggimai altre voci, altre accenti
havere in bocca non piaceva che spagnuoli» (*Prose*, 2.ª ed., Venezia, 1538, p.
16). (Ferdinando Gregorovius, *Stuoria della città di Roma nel Medio Evo*, ree-
dición de la traducción italiana por la Società Editrice Nazionale, Roma,
1901, tomo tercero, p. 796, nota 82.)

ron exclusivamente con la Corona de Aragón (me refie-
ro, por supuesto, a relaciones de poder, políticas, pues, en
cuanto a relaciones diplomáticas, la Corona de Castilla,
como reino cristiano, no pudo dejar de tenerlas, asiduas y
constantes, con el Estado Pontificio). Si a la muerte de Pedro
III, Sicilia no quedó incorporada a la Corona de Aragón,
sí quedó en manos de la dinastía catalana; de modo que la
primera y durante muchos años la única lengua española
conocida en Italia fue la catalana. Catalana, huelga decirlo, era la lengua de Pedro III: «Qu' il voldrá, costarli ha»,
decía Rosellón. Y cuando la Corona de Aragón ya había
pasado a la dinastía castellana de los Trastámara en cabeza
de Don Fernando el de Antequera y el hijo de éste, Alfonso V, en un episodio más de la contienda entre aragoneses
y angevinos por el sur de Italia, conquistó el Reino de
Nápoles, impuso por lengua cancilleresca el catalán, eso sí,
ahora junto al castellano, lenguas ambas extrañas en el territorio continental y, además, con la circunstancia de que en
Cataluña, como lengua cancilleresca, se conservó el latín
hasta el siglo XVI. Pero, sobre todo, catalana era la lengua
de la mejor fuerza de choque que Pedro III había llevado
a la conquista de Sicilia: la Compañía de los Almogávares,
que al amanecer de los días de batalla golpeaban sus azco-
nas contra las peñas gritando «¡Desperta ferro!». Cuando
el emperador de Bizancio, Andrónico II, a cuyos oídos había
llegado la fama de tan invencible infantería, le pidió a Don
Fadrique, rey de Sicilia, que se la enviara para restablecer
su poder en Anatolia occidental contra los turcos, éste vio
el cielo abierto, por la ocasión que se le ofrecía de librar-

se de una gente tan feroz y sanguinaria, que dejaría en Bizancio un recuerdo aún más terrible que el renombre de terror y de aborrecimiento que ya se había ganado no sólo en Sicilia sino también en la península desde Calabria hasta Campania. Pero no todos se fueron a Oriente en la expedición de 1302.[5] En las tremendas contiendas que se desencadenaron durante el Cónclave de Perugia, en julio de 1304, a raíz de la muerte de Benedicto XI, entre las grandes familias de la nobleza pontificia y con motivo de la bula *Flagitiosum scelus*, que Benedicto había dejado, por así decirlo, en su lecho de muerte –atreviéndose a revocar, desde la güelfa Perugia, las claudicantes bulas que él mismo había dictado en mayo del mismo año y lanzando excomuniones contra los gibelinos y el «partido francés», con Sciarra Colonna y Nogaret, el destructor de los Templarios, encabezando la lista–, los sobrinos de Bonifacio VIII, güelfos, naturalmente, por parte de tío, Francesco Caetani, carde-

---

5. Según Muntaner, el mediador del contrato con Andrónico II había sido el propio Roger de Flor, antiguo fraile templario y primer general de la Compañía; era bien conocido en Bizancio y hablaba fluidamente el griego: «e sabia de gregesc assats cominalment» (Muntaner). Por otra parte, el que no todos los almogávares fueran a Oriente, sino sólo la mayor parte («maior pars»), lo atestigua un documento publicado por Rubió i Lluch en su «Diplomatari de l'Oriente català»: «Superabundabant in tempore pacis, dum quondam frater Rogerius de Brundisio [Roger de Flor, que era, en efecto, natural de Brindisi] vellet exire extra insulam Sicilie pro suis commoditatibus procurandis, et multi de predictis armigeris venissent ad dominum regem [Don Fadrique II de Sicilia] et ab eo licentiam peterent recedendi, aliqui videlicet eorum cum predicto fratre Rogerio, aliqui in Cataloniam et nonnulli ad alias mundi partes ire volentes, dictus dominus rex dedit istis licenciam recedendi. Quorum maior pars recessit et profecta est cum eodem fratre Rogerio».

nal de Santa María in Cosmedin, y Prieto Caetani, II conde de Caserta, contrataron a trescientos almogávares para correr toda Campania en persecución de los barones que habían contestado el pontificado de su tío: «Conductis[6] CCC stipendiariis catalanis, vindictam sumpserunt de inimicis papae traditoribus, in regione Campaniae» (Sant'Antonino, III, 259, citado por Gregorovius, lib. X, cap. VI, nota 67).

Tales podrían ser, pues, los motivos de no olvidada infamia y conservada aversión que connotaba en Italia el nombre de «i catalani» cuando en 1455 los inescrutables designios del Altísimo dispusieron que la tiara fuese a recaer en la cabeza de Alfonso de Borja, Calixto III por nombre papal. La impopularidad de esta elección está atestiguada por el mismo Sant'Antonino, arzobispo de Florencia, en una carta del 24 de abril de 1455: «La elección de Calixto III ha gustado poco entre los italianos en un primer momento, por dos causas: primera, porque temen que intente trasladar la corte pontificia al extranjero, y segunda, porque temen que ponga las fortalezas de la Iglesia en manos de los catalanes»; este segundo temor no iba muy desencaminado por lo que se refiere a Pedro Luis Lanzol, como enseguida se verá (citado por Miguel Navarro Sorni, en *Calixt III i l'Església del seu temps*, nota 23, en la que añade: «Una expressió de la por què ens referim és la imprecació que corria en boca del poble quan es va fer conéi-

---

6. Este participio de «conduco» debe relacionarse con el uso italiano de «condotta»: dotación de gente armada que se contrataba con un «condottiero», palabra de la misma raíz.

xer l'elecció d'Alfons de Borja: *"O Dio, la Chiesa romana in mano ai catalani!"*»). Pero a la pésima fama general de los catalanes en Italia, bien pudo añadirse, en lo que particularmente atañe a Alfonso de Borja, el temor que suscitaba el que fuese no sólo compatriota sino también viejo amigo y estrecho colaborador de Alfonso V, el Magnánimo, reciente conquistador del Reino de Nápoles. Así lo consigna Alan Ryder (*Alfonso the Magnanimuos, King of Aragon, Naples and Sicily, 1396-1458*, Oxford University Press —Clarendon Press—, 1990, versión castellana en Edicions Alfons el Magnànim-IVEI, Valencia, 1992): «La elección de Alfonso de Borja, obispo de Valencia, que tomó el nombre de Calixto III el 8 de abril de 1455, sirvió más bien para confirmar la sospecha creciente de que el papa en Roma se había convertido en un capellán del monarca de Aragón y Nápoles. Después de todo, Borja había pasado gran parte de su vida al servicio de Alfonso; a él le debía el obispado, el cardenalato de [i] Santi Quattro Coronati y, evidentemente, la tiara papal, ya que el cónclave, no atreviéndose a ofender [a] un vecino tan poderoso y puntilloso, había cedido el timón a los satélites del rey, los cardenales Scarampo y Orsini». Alfonso de Borja había presidido, además durante mucho años el Consejo Real del Reino de Nápoles, y el rey se daba claramente cuenta de las grandes suspicacias que había que aventar: «el mateix rei d'Aragó, en la primera lletra que va escriure al papa, només conéixer la seua elecció, per felicitar-lo, li aconsellava dissimular astutament el seu amor per ell, per tal d'evitar l'enemistat de les potències italianes que li [al rey, por supuesto] eren adverses»

(Miguel Navarro Sorni, en el mismo texto y lugar citados más arriba). Pero el punto más escabroso de la amistad y complicidad entre Alfonso de Borja y Alfonso V de Aragón tiene que ver con los grandes conocimientos jurídicos que se atribuyen al primero; parece ser, en efecto, que cuando Alfonso V, tras la muerte del papa Luna, en 1423, quiso reservarse una baza para presionar al nuevo papa romano, Martín V, a fin de arrancarle la investidura del Reino de Nápoles, que, por ser éste siquiera formalmente feudatario del Estado Pontificio, tenía que ser otorgada –o confirmada– por el papa, se negó a proceder contra Clemente VIII, el último –o póstumo– papa «aviñonés», elegido en Peñíscola por los tres cardenales que habían quedado en la obediencia de Benedicto XIII, resulta fiablemente comprobado que la estratagema para la extorsión fue urdida y sugerida por Alfonso de Borja. La prueba –recogida tanto por Miguel Navarro Sorni como por Alan Ryder, en los respectivos textos arriba mencionados– está en unas instrucciones dadas por Alfonso V a Eiximén Pérez de Corella, conde de Cocentania, para extorsionar esta vez al propio Alfonso de Borja, ya papa Calixto III, a fin de arrancarle, junto con otras concesiones, la bula de confirmación de la investidura de Rey de Nápoles –ya otorgada en principio por el papa Eugenio IV en la paz de Terracina (1443)–, entre las que se lee lo siguiente: «On empero la sua Sanctedat en altre temps e con semblants materies recorodats e aconsellats e que li aparien esser degus e honests a favor e recomendacio de sa Sanctedat e de altres servidors del dit Senyor» (Archivo de la Corona de Aragón, 2.662, 24, 17 de agosto de 1456). Es importante reparar en cómo estas instrucciones, ya que seguramente no escritas por el propio rey –que, como Trastámara, solía escribir en castellano–, 7 sí, por lo menos, por un secretario de

7. Alan Ryder dice a este respecto lo siguiente: «Dominaba el italiano, al igual que el catalán y el latín, pero nunca se arriesgó a hacer ninguna *declaración oficial* [cursiva mía], como por ejemplo en la réplica a un embajador, si no era en su castellano nativo, que manejaba con gran elegancia» (pp. 385-6). Pero, por otra parte, el propio Ryder recoge en nota dos citas en catalán que figuran como la letra original de frases que en el texto están traducidas al inglés (al castellano, en la versión que manejo). No tienen carácter *oficial*, sino confidencial, tanto por los destinatarios, como, más todavía, por la vidriosa materia a la que se refieren. Una de ellas, del 22 de junio de 1443, va dirigida a su confesor y se refiere al papa Eugenio IV: «A present no som en res contents del dit papa» (Archivo de la Corona de Aragón, 2.693, 108). La otra resulta realmente sorprendente, porque está escrita en el verano de 1414, siendo Alfonso todavía príncipe, y dirigida al rey, su padre, el castellano don Fernando el de Antequera; la materia es igualmente escabrosa, puesto que trata de salir en defensa de los judíos frente a las iras del pueblo que había despertado *uolente nolente* san Vicente Ferrer: «Vaig en cercant tota manera que pusch com, sens ofendre lo dit maestre Vicent, escuse los dits juheus de pagar aquesta quantitat» (citado por Ryder de la obra de J. E. Martínez Ferrando, *San Vicente Ferrer y la casa real de Aragón*). Nada definitivo podría yo decir de estas dos citas en catalán, sino que sería enrevesada la manera en que, de haber sido escritas originalmente en castellano, hubiesen ido a parar al catalán, procediendo la una del Archivo de la Corona de Aragón y la otra –la más sorprendente– de una obra escrita en castellano. Aunque no puede excluirse ni que el confesor de 1443 fuese un catalán ni, cosa muy extraña, que el rey hubiese confiado la redacción de estas cartas a un tercero, siempre que fuese de la más estrecha intimidad, sigue quedando difícilmente explicable que a su propio padre no le escribiese –mandase escribir– en castellano. Por su parte, Jaume Vicens i Vives consigna en nota lo siguiente: «La majoria dels textos diplomàtics que s'hi [a la política mediterránea] refereixen, àdhuc les missives de pare a fill, estan escrites en català. Vegeu Boscolo: La política italiana de Ferdinando I, apendix». (*«Els Trastamares»*, *Historia de Catalunya, volum 8*, Ed. Vicens-Vives, segona reimpressió, Barcelona, 1988, p. 192, nota 35.)

tan estrecha confianza como para transmitir tan escabroso medio de presión están originalmente esctitas en catalán, como, por lo demás una gran parte de las comunicaciones y testimonios de su reinado. Es bien sabido que el papa no cedió, tanto indignado por el indecente intento de extorsión, como enfadado por la ambigua y dilatoria actitud de Alfonso V en relación con la que era, al parecer, su más sincera aspiración: la reconquista de Constantinopla, tomada por los turcos apenas tres años antes de su pontificado. A pocos meses de distancia, murieron el rey, sin su investidura, y el papa, sin su cruzada.

En cuanto a desvivirse por los sobrinos, Calixto III no se quedó, ciertamente, a la zaga de lo que por los suyos se habían desvivido Bonifacio VIII y otros papas intermedios, ya sea de Aviñón, ya sea de Roma, como Martín V, el primer papa posterior al Cisma; con lo que los romanos, acostumbrados a la discreción que en punto de nepotismo habían mantenido Eugenio IV y Nicolás V, acrecentaron, por semejante tacha, su ya viejo odio hacia «i catalani». En efecto, Calixto III, en su breve pontificado, se apresuró más que nadie en elevar a sus sobrinos: diecisiete meses después de su ascensión al solio de San Pedro, erigió cardenales a Luis Juan de Milá, hijo de una de sus hermanas, y a Rodrigo Lanzol, hijo de otra, con sólo veintidós años, y por fin, a un hermano de éste, Pedro Luis Lanzol, lo hizo gonfalonero de la Iglesia y, sucesivamente, prefecto de la ciudad —con todas las fortalezas antiguamente anejas a este cargo— y duque de Spoleto, una ciudad que tributaba pingües rentas al pontificado y, para

lo que hacen alhaja de vetustos honores señoriales, con el
rango añadido de haber sido hasta el siglo x corte de ese
antiguo y prestigioso ducado Longobardo, que formaba
pareja con el de Benevento. A los tres les concedió también poder llevar el apellido Borja. En cuanto a la manera
en que ejerció sus cargos Pedro Luis, ha quedado el testimonio de Paolo di Ponte: «E tutto quel tempo que reg-
nao [Calixto III] mai non fu veduto lo piu triste gover-
no di ruberie… ogni dí homicidii et questioni per Roma,
ne si vedevano se non Catalani» (Paolo di Ponte, ad ann.
1456, citado por Gregorovius / libro XIII, cap. II, nota 83).
Ciertamente Di Ponte podía exagerar en lo que a los
hechos se refiere, pero eso no le quita valor a sus palabras
en cuanto testimonio de la fama. Ya moribundo Calixto
III, se levantaron los Orsini para derribar a los catalanes
y a sus aliados los Colonna; Pedro Luis, perseguido, logró,
gracias a la ayuda de su hermano Rodrigo, ponerse a salvo
en Civitavecchia, donde, sin embargo, una fiebre mortí-
fera se lo llevó. Gregorovius termina el capítulo con estas
palabras: «En cuanto a Calixto III, había muerto el 6 de
agosto y no fue llorado por los romanos, que, gracias a
su muerte, se vieron liberados del yugo de los odiados
catalanes. Los Orsini prorrumpieron en gritos de júbilo y
el pueblo emprendió alegremente el saqueo de las casas
de los Borja».

El gran nepos de Calixto III, Rodrigo Lanzol o
Rodrigo de Borja Lanzol, erigido, como es harto sabido,
por su tío primero cardenal y después vice-canciller del
Estado Pontificio, cargo en el que se mantuvo durante los

cuatro pontificados intermedios hasta su propia elevación a la Cátedra de Pedro,[8] con el nombre papal de Alejandro VI, aunque bien o no mal recibido en un primer momento, no tardó en ser llamado por los romanos «el intruso catalán». La palabra «intruso»[9] había tenido durante la época del Cisma y en la facción de obediencia aviñonesa, una connotación poco agradable: en una carta-informa de 1401, Juan Serrano —que poco más tarde sería erigido arzobispo de Sevilla, aunque duró apenas unos meses, hasta su muerte— designaba como «intruso» al

8. Miquel Batllori, el eminente investigador y máximo conocedor de los Borja, me desengaña sobre la relevancia que atribuía yo al cargo de vice-canciller («el segundo de a bordo de la barca de Pedro» osé llamarlo desde el hondón de mi supina ignorancia en otro texto antiguo): «Molt sovint s'ha exagerat la importància i la influència del càrrec de vice-canceller, per tal d'exaltar la importància político-eclesiàstica de Roderic de Borja entre 1457 i 1492. El vice-canceller només podia conèixer la major part dels afers d'Estat, la seva influència en aquests afers depenia de la confiança que li tinguessin els pontífexs. Malauradament les noves fonts de l'Archiuium Arcis no ens permeten de canviar el coneixement que teniem de les alternants confiances i desconfiances dels diversos papes d'aquest període envers el cardenal Borja». («Alexandre VI i la política del Renaixement», en *Els temps dels Borja*, Diversos autors, Generalitat Valenciana, Valencia, 1996.)

9. Don Germán Orduna, editor, presentador y anotador del *Rimado de Palacio* (Edición de Clásicos Castalia, Madrid, 1991), cita en nota la que es seguramente la primera aparición de la palabra «intruso» aplicada a un pontífice romano, en este caso el propio Bartolomeo Prignano, arzobispo de Bari, recién coronado papa (el 18 de abril de 1378) con el nombre de Urbano VI, fue una declaración de los cardenales sublevados, publicada el 9 de agosto del mismo año (Orduna dice el 2 de agosto, pero éste es el día de su presentación a Urbano VI, no el de su publicación tras la negativa de Urbano a abdicar), o sea incluso antes del cónclave de Fondi (20 de septiembre de 1378), cuyo título reza así: «Declaratio Cardinalium adversus Bartholomaeum Archiepiscopum Barensem intrusum in Papatu».

entonces papa romano, Bonifacio IX, y a este mismo pontífice se refiere el Canciller Pedro López de Ayala cuando, al final del capítulo IX del año 1493, cuenta la huida a Portugal, de obediencia romana, del arzobispo de Santiago, don Juan García Manrique, disgustado tanto por haber acabado saliendo perdedor en su larga rivalidad con don Pedro Tenorio, el famoso arzobiso de Toledo, como por haber sido recientemente despojado de la administración de Tuy: «E llegó por tiempo la cosa que vinieron maneras porque el arzobispo de Santiago salió del regno, e perdió su arzobispado, e oficios e mercedes que avía en la casa del rey, e fuese a Portogal, e obedesció al intruso de Roma, e diole [Bonifacio IX] el arzobispado de Braga, e morió allá, segund contará la historia en su lugar». Igualmente, en el *Rimado de Palacio* (en el supuesto de que las trece octavas de arte mayor de triple rima 818-830, que forman el «Primer deitado sobre el fecho de la Iglesia», sean verdaderamente suyas), estrofa 830, verso a, aplica el canciller al mismo papa la palabra «intruso»: «E a la parte que tiene el intruso / sea esta vía luego presentada», donde se refiere a la llamada «uia compromissi». Con lo que los romanos al llamar «el intruso catalán» a un papa extranjero podían estar devolviendo a la antigua facción de obediencia aviñonesa (por la que se había inclinado, a partir del rey don Martín el Humano, casado con María López de Luna, pariente, como su propio nombre indica, del papa Luna, Benedicto XIII, la Corona de Aragón) la infamante palabra con que éste había designado durante tantos años a los pontífices romanos.

En relación con la lengua en que hablaba y escribía Rodrigo de Borja, papa Alejandro VI, se conservan dos epistolarios fundamentales: el primero de ellos fue dado a conocer en 1893 por Roc Chabàs, canónigo archivero de la catedral de Valencia, en cuyo archivo capitular se guarda todavía; ha sido repasado recientemente en el ensayo «La correspondència dels Borja» de Max Cahner, del que recojo la referencia y los comentarios que se verán; el segundo de ellos está en el Archivo Segreto Vaticano, en la sección «Archiuium Arcis», o sea «archivo del castillo», pues fue mandado trasladar a toda prisa a través del corredor elevado que ya entonces unía el Vaticano con Castel Sant'Angelo, por Alejandro VI, el 31 de diciembre de 1949, día en que Carlos VIII de Francia entraba en Roma; de este epistolario se he ocupado durante largos años el eminente investigador e historiador Miquel Batllori, de cuya reseña «Alexandre VI i la política del Renaixement» he tomado la noticia y me permitiré tomar algunas citas (Batllori dice «vuit volums de cartes», quizá entendiendo por «volums» «legajos»).

Max Cahner nos da cuenta de que la treintena de cartas del archivo capitular de la archidiócesis de Valencia «només quatre [...], relacionades amb la cort de Nápols, són escrites en altres llengües [que no sean el catalán]: dues pel rei Alfons II (una a Alexandre VI, en llatí, i l'altra al duc de Gandia, en italià) i dues més pel duc de Gandia (a Sança d'Aragó, filla natural del rei, casada amb Jofré de Borja, germà del duc, i a la reina mare, Joana d'Aragó, germana de Ferran el Catòlic, totes dues en castellà, tot i que

el duc escrivia en català al mateix rei Alfons II de Nàpols)».
Sobre las cartas internas de la familia Borja es importante
resaltar cómo incluso los hijos de Rodrigo de Borja con
Vanozza de'Cattanei, nacidos en Italia y educados en
ambiente italiano al menos en su infancia, habían tomado, seguramente a causa de una explícita preocupación
de su padre, el catalán como lengua familiar: en esta lengua le escribe, en efecto, el primogénito César a su hermano Juan, ya duque de Gandía. Pero, como curiosidad,
permítaseme de entre las cartas citadas por Cahner, entre-
sacar un pasaje que revela la ansiosa preocupación del Santo
Padre por asegurarse una descendencia: a su hijo, el citado
Juan de Borja, II duque de Gandía, [10] un chico de diecisiete años recién casado con una niña de doce, María Enríquez,
prima hermana de Fernando el Católico, [11] le escribe en
estos términos: «Duc caríssim nostre: De Viterbo t'escri-
vim per propri correu, sobre los desórdens e excessos teus
que érem avisats havies fets en Barcelona en tot e per tot,
e precipuament sobre los mals portaments vers la duques-
sa ta muller, que encara no hauries consumat ab ella lo

10. Los italianos solían escribir «duca di Candia», con lo que podría
haber parecido un título veneciano, ya que los venecianos designaban a la
isla de Creta, entonces en su poder, con el nombre de «Candia», topónimo con que los árabes habían bautizado el puerto cretense construido
sobre la antigua Heracleion. No dejaría de ser divertido, en el espíritu de
estas «Diversiones», que el topónimo «Gandía» fuese también de origen
árabe y de la misma raíz.

11. Hija por tanto de otra hija del almirante de Castilla, don Fadrique
Enríquez, el más interesado en encizañar a Juan II, rey de Navarra y después de Aragón, contra su hijo, el desventurado príncipe de Viana, hasta
lograr su destrucción.

matrimoni, e anar de nit per la ciutat, matant cans e gats».
Y el propio Max Cahner nos dice más abajo: «Però aquest
ús epistolar del català a la cort d'Alexandre VI respon a un
fet més general, que el català fou la llengua de la cort a
Roma durant el seu pontificat [...], como ho havia estat
també durant el pontificat del seu oncle Alfons de Borja
[...] Era la llengua dels familiars i dels collaboradors més
directes dels dos pontífexs, però alternava amb l'italià als
palaus pontifics; a més, la cúria continuà tenint com a prò-
pia, al costat de llatí, l'italià en l'ús verbal i en els escrits de
menys solemnitat. De fet, el català no arribà a tenir a la
Roma borgiana el paper de llengua del poder polític que
havia tingut a la Nàpols d'Alfons el Magnànim i dels pri-
mers anys del regnat del seu fill i successor Ferran I...».
Miquel Batllori, por su parte, en la breve reseña más arriba mencionada, confirma mi idea de que llamar «español»
al castellano es un extranjerismo: «Cal tenir present que
el 1492, quan encara no hi havia una veritable unitat política de les corones d'Aragó i de Castella [...] a Itàlia solien
anomenar catalans tots els súbdits del rei d'Aragó, i espan-
yols els de Castella...». De la denominación de los hablantes se pasa casi automáticamente a la de la lengua que
hablan. Y dos páginas antes, refiriéndose al Archiuium Arcis,
por él largamente estudiado y al «garbuix» de la política
matrimonial de Alejandro VI, nos dice lo siguiente: «Per
una tal represa diplomàtica, combinada amb una política
familiar —les noces dels dos fills del cardenal Roderic de
Borja, Joan i Jofré, amb una cosina del rei d'Aragó, María
Enríquez, i amb una filla d'Alfons II, Sança d'Aragó, ducs

de Gandía i prínceps de Squillace, respectivament–, Alexandre VI es valgué de l'enllaç dels interessos papals, per-
sonals i polítics, amb un joc típicament renaixentista. La
plena explicació de tot aquest garbuix només em fou possi-
ble gràcies als vuit volums de cartes borgianes que cons-
titueixen, pel que sembla, la pila de cartes que el papa
s'emportà del seu gabinet de les estances Borja, encara
no acabades de pintar pel Pinturicchio, a través del llarg
passadís, a la fortalesa de Castel Sant'Angelo quan, l'úl-
tim dia del 1494, Carles VIII de França entrà a Roma.
Aquestes lletres, que força historiadors han consultat però
que no han estat del tot aprofitades a causa de la dificul-
tat de llur llengua predominant, el valencià, són actual-
ment custodiades a la secció Archiuium Arcis (arxiu del
castell), a l'Archivio Segreto Vaticano».

Como curiosidad, diré por fin que Ximo Company,
en su arículo «El mecenatge artístic i cultural dels Borja»,
en su afán por encarecer el esplendor de esa familia, presta oídos a una leyenda fácilmente desautorizable: «Sabem,
també, que Miquel Àngel va acudir a Roma amb motiu de
l'any de jubileu que Alexandre VI proclamà el 1500, i a ningú
no se li escapa el fet que la tradició, des de fa molts anys, ha
identificat les figures de la incomparable *Pietat* del Vaticà
amb Vanozza Cattanei i Joan de Borja, duc de Gandía
(Menotti)». No sería objeción el que el día del asesinato de
su hijo, Juan de Borja, duque de Gandía (14 de junio de
1497), Vanozza de'Cattanei tuviese cincuenta y cinco años,
pues podían conservarse retratos de su juventud; sí lo es, en
cambio, el hecho de que en la correspondencia de Miguel

Ángel se conserven los términos del contrato para hacer la escultura: fue firmado el 26 de agosto de 1498 y en nada pudo entrar algún deseo de Alejandro VI, pues el signatario del encargo era el cardenal francés Jean de la Groslaye de Villiers, embajador de Carlos VIII ante el papa y abad de Saint Denis (cuya iglesia fue la más renombrada de París hasta que fue erigida Nôtre Dame: «Ou est la tres sage Eloïse / pour qui fut chastre e puis moine / Pierres Esbaillart a Saint Denise [...] Mais ou sont les neiges d'antane?»). Por lo demás, parece que poco podría tener que ver con las facciones de la según se cuenta enérgica Vanozza la deprimente pobreza fisonómica del rostro de María, un rostro fácil, naïf, genérico como el de una muñequita de porcelana fabricada en serie por Lladró y que lo mismo podría haber servido de inspiración para el estilizado infantilismo de la imaginería sagrada de este último medio siglo. Los abominables imagineros valencianos o andaluces le han dado, por lo menos —por no sacar a relucir ahora sus lágrimas de vidrio—, un poco más de concreción a las facciones de sus procesionales, pasionarias, cuaresmales y policromadas estantiguas de madera. Algunos —«anzi goffi che no», [12] dice Vasari— le reprocharon ya en su tiempo a Miguel Ángel el que hubiese representado a María demasiado joven, ya que, en efecto, no le echaría uno más de unos dieciocho años. Por su parte, la efigie de Jesús también representa menos de los treinta y tres años que tenía cuando fue crucificado y ciertamente podrían atribuírsele mejor los vein-

12. «Más ridículos que otra cosa.»

titrés que tenía el «malmuerto doncel» Juan de Borja cuando fue asesinado. Pero también Miguel Ángel al aceptar aquel su primer contrato en grande era un muchacho de veintitrés años y me parece sumamente inverosímil que el cardenal De la Groslaye de Villiers se aviniese a que con sus 450 ducados de oro se honrase solapadamente la memoria del hijo sacrílego y adulterino –pues no cabe pensar que la cara no le resultase conocida– del cardenal Rodrigo de Borja, por muy Santo Padre que fuese por aquellas fechas.

Volviendo, pues, al pasaje de Bembo citado por Julián Marías, si ya en cuanto a los hijos que tuvo con Vanozza de' Cattanei, nacidos y criados en Italia, Rodrigo de Borja Lanzol se preocupó de que aprendiesen el catalán hasta tenerlo, tal como se ha visto, por lengua familiar, lo de «Valenza il colle Vaticano occupato havea» queda corroborado de modo estrepitoso por Gregorovius en el libro XIII, capítulo cuarto, nota 71: «El manuscrito Barberini XXXII, 242 registra los nombres de más de treinta Borjas, investidos de cargos eclesiásticos y civiles. Raimundo y Rodrigo de Borja eran capitanes de la guardia palatina; Luis de Borja, vicealcalde de Tívoli, Juan Lenzol, escudero del papa. Y Alejandro fue elevando, poco a poco, a cinco Borjas al rango de cardenales: dos de nombre Juan [a no confundir ninguno de los dos con el duque de Gandía], César, Francisco y Pedro Luis [a no confundir con el hermano de Rodrigo, nombrado por Calixto III gonfaloniero de la Iglesia, pretor de la ciudad y duque de Spoleto]». De manera que si sólo de Borjas Alejandro VI llegó a juntar en Roma más de treinta, viene enseguida preguntarse cuántos no podrían ser los valencianos; otrosí, si de los más de treinta Borjas mal podría decirse, tal como se ha visto, que se empleasen en oficios insignificantes, sino en altos cargos que llevarían un séquito condigno, ya podemos darnos una idea del elevado número de catalanoparlantes que infestaría la Corte Pontificia. De modo que, aunque sea casi imposible aventurar un cálculo siquiera aproximado, creo yo que basta con los datos y testimonios hasta aquí aducidos para concluir que don Julián Marías se equivoca al empeñarse en sostener voluntariosa y esforzadamente que con «voci» y «accenti» «spagnuoli» el cardenal Pietro Bembo se estaba refiriendo al castellano y no, evidentemente, al catalán, o, a lo sumo, tal como ya se ha dicho más arriba, *también* y en mucho menor grado al castellano.

Confesaré, finalmente, que tampoco es que a mí me importe ni poco ni mucho el nombre que se le dé a esta o a aquella lengua, que se la llame con su nombre natural o con otro artificioso y obligado o, por decirlo vulgarmente, metido con calzador, aunque bien es verdad que mi oído, seguramente endurecido por los años, se aviene cada vez menos a aceptar que al castellano se lo designe con esa especie de mote pueblerino de «español». Pero lo que sí me importa, en cambio, es que una vez puesta en querella una cuestión, ya se trate de esta de la denominación del castellano, ya de cualquier otra cuestión disputada, los argumentos que se esgriman sean pertinentes, ciertos y plausibles.

§ 8. (*El «Rimado de palacio»*). Todavía, sin embargo, cuando ya me venía yo para casa descuidado, me saltó, donde menos lo esperaba, la liebre de un pasaje del gran sabio don Joan Coromines, que aunque no se refiriese exactamente a la lengua, sino a los «noms de les principals nacions europees», podía afectar fácilmente, como suele pasar, a los nombres de las lenguas, tanto más teniendo en cuenta que el texto en que aparece se titula «Extensió i origen de "catalá" i "Catalunya"» (En *Estudis de toponímia catalana*, Biblioteca filològica Barcino, 1970[13], vol. II, pp. 159–174). Y dice así: «El castellà Pero López de Ayala, en el seu *Rimado de palacio*, escrit pels volts de 1400, oposa "catalán" a "español", "francés", "húngaro", "inglés", "lombardo" (= italià) i "escocés" (= irlandès més escocès) com a noms de les principals nacions europees (vers 803 d)». Ni don Joan Coromines ni un cronista y prosista —aunque bastante peor poeta— tan extraordinario como el Canciller López de Ayala eran autores a los que yo pudiese hacer oídos sordos. Pero la referencia del *Rimado de palacio*, estrofa 803, verso d, dada por Coromines o estaba equivocada o correspondía a otra edición ordenada de una manera diferente de como lo estaba la que yo enseguida consulté: *Rimado de palacio*, edición, introducción y notas de Germán Orduña, Clásicos Castalia, Madrid, 1991: el verso en que aparece la palabra «catalán» es, en efecto, el d, pero la estrofa es la 827 y pertenece a las únicas trece octavas de

---

13. De esta fecha es la edición de que dispongo, pero la fecha del ensayo es 1954.

arte mayor de triple rima que hay en todo el *Rimado de palacio* y que, no sólo por esta excepción sino también por otras razones en las que ahora no voy a detenerme, aún podría dudarse de si realmente son del Canciller, lo cual, por lo demás, tampoco sería motivo suficiente para dejar de tenerlas en cuenta. Las trece octavas forman el pasaje rotulado como «Primer deitado sobre el fecho de la Iglesia» (es decir, sobre el Cisma), que empieza con la que podría ser tal vez una paráfrasis de Horacio, oda 14 del libro 1. Es cierto que en tiempos del Canciller era ya un tópico tomar la alegoría que Horacio, tomándola a su vez de Alceo, aplicaba al Estado (como mucho más tarde Calderón al alma), la alegoría de la nave en la tormenta, para aplicarla a la Iglesia, «la barca de Pedro», pero hay al menos un punto muy preciso que hace pensar directamente en la oda de Horacio: «el maste fendido» (819 b) viene a ser exactamente «malus saucius», («et malus celeri saucius Africo»), porque «fendido», al igual que «saucius», no es simplemente roto o averiado, sino longitudinalmente resquebrajado, tal como ocurre con un mástil sometido a tracción por barlovento y a compresión por sotavento. Pero dejémonos de cominerías de aficionado y vengamos a la estrofa que aquí importa; dice así:

> «*Si quier' sea francés, si quiera de Ungría,*
> *si quiera de España, si quier' alemán,*
> *si quier' sea inglés o de Lombardía,*
> *si quiera escote, si quier' catalán:*
> *sea christiano el que nos darán,*

e en pocos días sea delibrado,
e dende non salgan, sin ser declarado;
a esto los rreyes, rremedio pornán»,

estrofa que, como puede apreciarse a la primera ojeada, tiene bien poco que ver con lo que nos podría hacer imaginar el pasaje de don Joan Coromines, a despecho del escrúpulo a que nos tiene acostumbrados a los asiduos de su admirable *Diccionario crítico etimológico castellano e hispánico*, pues comete en tres puntos una grave irregularidad, que podría confundir a los lectores que no compulsaran su cita con el texto del *Rimado de palacio*: pone en castellano y entre comillas «español», «húngaro», y «lombardo», permitiendo que pensemos que son transcripción literal de las palabras del texto al que se refiere, cuando en éste leemos, en cambio «de España», «de Ungría» y «de Lombardía». Reduciendo estas formas de «de» + nombre propio a adjetivos gentilicios o toponímicos, como están las otras cinco («francés», «alemán», «inglés», «escote» y «catalán»), aproxima lo que en principio no sería más que la determinación de la procedencia de un posible papa a la eventual cualificación gentilicia de éste, con lo que pone las ocho variables enunciadas en la estrofa (siete para él, pues se olvida de «alemán») a merced de una equívoca o ambivalente interpretación como *nombres de lenguas*, ayudándose, además, con los paréntesis: «lombardo (= italià)» y «escocés (= irlandès més escocès)», aunque diga «noms de les principals nacions [y no "llengües"] europees».

El autor de la estrofa en cuestión compuso su lista de ocho elementos entremezclando, a mi entender, criterios heterónomos. Para apreciar tal heteronomía, conviene recordar, antes que nada, que la aceptación de la palabra «nación» en el sentido eclesiástico, que es el pertinente para una querella como la del Cisma, comprendía sólo *Las cinco naciones europeas*, al margen de los Estados que las compusieran o descompusieran, a saber: Inglaterra, Francia, Alemania, España e Italia, cuya asistencia en pleno era exigencia indispensable para poder declarar «ecuménico» un concilio, conforme se vería en el de Constanza, respecto del cual Vicente Ángel Álvarez Palenzuela (*El Cisma de Occidente*, Ediciones Rialp, S. A., Madrid, 1982) nos dice lo siguiente: «A comienzos de febrero [de 1415], franceses e ingleses hicieron una propuesta en el sentido de que los votos se emitiesen por "naciones". Se entendía que la Cristiandad estaba integrada por cinco naciones –Italia, Alemania, Francia, España e Inglaterra– cuya opinión sobre temas fundamentales debía oírse globalmente en las sesiones. El sistema garantizaba un equilibrio entre todas estas naciones, aunque entre ellas existieran también diferencias importantes. Francia era la única que correspondía nación con una determinada formación política; Italia incluía, además de los representantes propiamente "italianos", a los de Creta y Chipre; Alemania a los del Imperio, Suiza, Países Bajos, Hungría, Polonia, Escandinavia, etc.; Inglaterra, a los de Inglaterra propiamente dicha, Irlanda y Gales [se olvida de Escocia, la cual tiene especial importancia, por haber sido, a diferencia de Inglaterra, de obediencia aviñonesa]; en la nacionalidad española, la única ausente en ese momento por su fidelidad benedictista, se incluían los reinos de Portugal [el autor pasa por alto el hecho de que éste fue siempre de obediencia romana], Castilla, Aragón y Navarra. / Estas "naciones", en realidad, venían deliberando independientemente hasta el momento; el procedimiento podría ser calificado de "universitario", pues, efectivamente, en las universidades existía la división en naciones [14] y las votaciones se realizaban mediante este procedimiento».

14. A este respecto, no deja de ser interesante señalar cómo todavía en el siglo XVII la palabra «nación» tenía, al menos en la Universidad de Salamanca, esta misma acepción, aunque en divisiones de un orden menor: «En esta Universidad ha habido grandes novedades esta semana. Es el caso que un estudiante andaluz dijo no sé qué de los vizcaínos delante de uno de ellos, el cual, agraviado, dio cuenta a los demás, y de lance en lance se fueron irritando de suerte, que la nación andaluza y vizcaína salieron a reñir muy de mano armada. Andrés Mendo, Salamanca, Noviembre de 1635» (*Relatos diversos de cartas de jesuitas*, Selección de José María de Cossío, Colección Austral de Espasa-Calpe Argentina, 2.ª edición, Buenos Aires, 1954). Las «naciones» universitarias se agruparían por «camaradas», pues esta palabra designaba entonces al conjunto de personas que compartían, una misma «cámara», en este caso de estudiantes que dormían y tenían sus pertenencias en una misma habitación larga y con un más o menos elevado número de lechos; de aquí «un camarada» pasó a significar un compañero de camarada. De modo parecido, bien se echa de ver, en la carta citada, cómo «la nación andaluza» o «la nación vizcaína» designaban el conjunto de los *nacidos en* u *oriundos de* Andalucía o Vizcaya respectivamente; de modo que «nación» no tenía ninguna connotación política y sólo indirectamente territorial –o, más propiamente, *geográfica*, ya que la noción de «territorio» implica posesión o dominio–. En una palabra, la nación no era un solar demanial perteneciente a sus naturales o a su príncipe, sino el conjunto de los naturales oriundos de ese solar, de modo correlativo a como los antiguos reyes germánicos no eran señores de tierras sino jefes de hombres.

Así pues, en los ocho elementos de la estrofa del Canciller están referidas «las cinco naciones» de la ecúmene cristiana: tres en forma de adjetivo gentilicio o toponímico: francés, alemán e inglés, y las dos restantes en forma de nombre propio, España e Italia, aunque ésta figure bajo el nombre de «Lombardía». Sin embargo, hay razones tanto para que Coromines reduzca «de Lombardía» a «lombardo (= italià)», como para que López de Ayala no diga —dejando al margen las imposiciones de la rima— «Italia». En primer lugar, resulta claro por qué, diciendo Lombardía, deja excluidos los Estados Pontificios: éstos no podían contarse como una sexta nación de la Cristiandad, porque no sólo eran su centro o corazón sino también la cosa disputada en la querella del Cisma; por otra parte, en la época del Imperio Romano-Germánico todo el norte de Italia hasta los Apeninos había tenido alternativamente el nombre de «Regnum Longobardorum» (o «Lombardorum») o el de «Regnum Italicorum»; finalmente, a la muerte de Gian Galeazzo Visconti (en 1402), Lombardía, con el nombre de Ducado de Milán, habría alcanzado su máximo grado de expansión, con Génova, Bologna, Perugia y teniendo ya puesto sitio a Florencia. En cuanto al Reino de Nápoles, desde 1390, bajo Ladislao (hijo de Carlos de Durazzo, indirectamente angevino en cuanto sobrino de Luis de Hungría, por unión de la dinastía de los Luxemburgo con la de Anjou) era no sólo nominalmente, sino también oficialmente feudatario de Roma, por investidura de Bonifacio IX. Finalmente, por lo que se refiere a Sicilia, habría de ser, junto con Cerdeña, ante el Concilio de

Constanza, el último punto de discordia entre los reinos de Aragón y de Castilla, en cuanto componentes de la «nación» España, como miembro unitario de la Ecúmene Cristiana, pues don Fernando el de Antequera había logrado el privilegio de que en la representación aragonesa entrasen también los obispos sardos y sicilianos, y viendo que de esa manera los aragoneses tendrían una delegación más numerosa que los castellanos –siempre dentro de la «nación» ecuménica España–, Castilla protestó hasta que obtuvo la anulación del privilegio, aunque no sin ulteriores reticencias de Aragón, que sólo acabaría por incorporarse al cabo de una nueva demora a la «nación» y al Concilio.

En cuanto al uso del nombre de España por el Canciller, dicho sea de paso y en otro orden de cosas ajeno a las del Cisma, conviene recordar cómo muchos años después de su muerte, el 1 de julio de 1429, confrontados en alarde los ejércitos de Castilla, con Juan II y don Álvaro de Luna a la cabeza, y de Aragón, con los reyes Alfonso V el Magnánimo y su hermano Juan de Navarra, el tercero de los hermanos –el más malo y más amigo de volliços de los «Infantes d'Aragón»–, Enrique, parlamentando –aunque ya «a cara de perro», como hoy diría un periodista– con un emisario castellano antes de que rompiese la batalla, exclamó: «Non perdamos tienpo, ved si hay algund remedio por que España non peresca el día de hoy»,[15]

---

15. Esta frase pertenece al diálogo habido entre el infante Don Enrique, por la parte aragonesa, y el adelantado de León, Pero Manrique, por la castellana, estando los dos ejércitos ya ordenados en alarde en las cercanías de Cogolludo. Alan Ryder, en su *Alfonso el Magnánimo*, trascribe

donde bien puede advertirse cómo «España» no significaba la *unidad e integridad* —o «de destino»—, sino sencillamente la *amistad* entre sus reinos o, en lenguaje de la Iglesia, la «paz y concordia entre los príncipes cristianos».

Por lo que se refiere a los otros tres elementos enumerados en la estrofa 827 del *Rimado de palacio*, o sea los que no pueden ser reducidos a «naciones» de la Cristiandad: «de Ungría», «escote» y «catalán», Hungría, que era un Estado independiente, aunque adscrito, a efectos eclesiásticos, a la representación de la «nación» Alemania, es realmente una extraña presencia, que sólo podría justificarse con una hipótesis tal vez un punto temeraria: la de que el poeta haya querido ilustrar espacialmente su «sea

---

el diálogo en nota a pie de página, pero el traductor lo recoge retraducido del inglés y no transcrito directamente del original castellano, probablemente porque no pudo encontrarlo, ya que la referencia que da Ryder está doblemente equivocada: con toda seguridad en cuanto al texto, y al parecer con máxima probabilidad en cuanto al autor: ni está en la *Crónica de Juan II* (aunque Ryder remite a una edición de 1891), ni el autor, no digo de esta crónica sino del texto de donde viene el diálogo, parece que sea Álvar García de Santa María. De Juan II de Castilla, yo no he leído más crónica que la del Halconero y nada puedo decir de la otra, porque nunca la he tenido en mis manos. En cambio, recordaba muy bien el diálogo en cuestión, ya que lo había leído en la *Crónica de don Álvaro de Luna*. Es cierto que esta crónica, publicada por primera vez en Milán en 1546 y como de autor anónimo, ha sido objeto de muchas conjeturas en cuanto a la autoría y, entre ellas, también la de García de Santamaría, defendida por Amador de los Ríos y más tarde rechazada por él mismo. Pero en la edición de que dispongo, hecha bajo la dirección y con «Estudio preliminar» de don Juan de Mata Carriazo (Espasa-Calpe, S. A., Madrid, 1940), se defiende y se corrobora con otros datos la atribución ya formulada por primera vez como la más probable por Menéndez y Pelayo: la del fidelísimo servidor de don Álvaro de Luna, Gonzalo Chacón.

christiano el que nos darán» trazando en un imaginario círculo máximo geográfico que abarcase toda la Europa Cristiano-Romana cuatro diámetros definidos por sus puntos extremos (naturalmente, esto se funda en que cada par de puntos coordinados está en el mismo verso), conforme al mapa de Europa que él viese con los ojos de la mente: en efecto, Francia («francés») y Hungría («de Ungría») pueden ser los términos extremos de un diámetro horizontal que abrace el todo de Occidente a Oriente; y sería curioso que se debiese tan sólo al azar el que los otros tres diámetros, en diagonal o en cruz de san Andrés con este primero, se muevan igualmente en el sentido Oeste-Este: España («de España»)-Alemania («alemán»), Inglaterra («inglés»)-Italia («de Lombardía») y finalmente Escocia («escote») y Cataluña («catalán») un diámetro, en realidad, casi Norte-Sur y casi en perpendicular con el primero, pero mucho más escorado hacia la diagonal NW-SE si se pone como extremo sureste la isla de Cerdeña, de dominio catalán. Este procedimiento «gráfico» (y aún más propiamente en este caso, en el que las cuatro parejas polares se enuncian de izquierda a derecha, como la escritura) [16] de encarecer la unitaria totalidad de la Ecúmene Cristiana con la inherente indiferencia del origen de sus papas: «sea christiano el que nos darán» —donde la identidad, una y única para todos y cualquiera, queda afirmada con esa indiferencia, que es negación de toda diferencia—, mediante la

---

16. En el supuesto de que el Canciller estuviese ya familiarizado con la convención cartográfica (segura para el siglo XV) de poner el Este a la izquierda y el Oeste a la derecha.

invocación de sus extremos diametralmente contrapues-
tos, no es, por lo demás, ningún recurso retórico rebuscado o novedoso: así definían el alcance de su dominio y
su poder los reyes o emperadores del Antiguo Oriente y
así lo hizo también el himno *Deutschland Deutschland über
alles*: «Von der Maas [el Mosa] bis an die Memel [un río
menor que desemboca en el Báltico por Lituania]», para
la dirección oeste-este, y «von der Ech [el Adige, en el
norte de Italia] bis an den Belt [el Gran Belt, uno de los
estrechos que unen el mar del Norte con el Báltico]», para
la dirección sur-norte. De ser cierta esta hipótesis, la oposición con que juega la tantas veces mencionada estrofa
827 del *Rimado de palacio* no sería la que se le antojó advertir y señalar a don Joan Coromines: «oposa "catalán" a
"español", "francés", etcétera… com a noms de les principals nacions europees», sino la oposición de cada uno
de esos cuatro pares de términos extremos con que se tra-
zan los diámetros mayores en la imagen geográfica de la
Cristiandad. No se le ocurrió pensar que el no muy alto
aliento poético del Canciller —o de quien fuere— podía
estar distorsionado, dejando aparte las ripiosas servidum-
bres de la rima consonante, por el fácil empeño descripti-
vo que no le permitió reparar mucho en la falta de
homonomía y de copertenencia de los ocho elementos
elegidos. La incongruente y arbitraria mezcla de criterios
heterónomos hace que «escote», si ha de entenderse como
«papa natural de Escocia», y remite, por tanto, a una entidad política unitaria, tenga por polo opuesto «catalán»,
que, entendido a su vez como «papa oriundo de un lugar

del Principado», remite, en cambio, a una entidad que era
dos veces parte con respecto al criterio de las cinco «naciones» ecuménicas: de la Corona de Aragón y, desde ésta, de
la «nación» España (mientras que Escocia lo era una sola vez,
en tanto que directamente parte de la «nación» ecuménica
«Inglaterra»). Sin embargo, a despecho de esta diferencia, y
si hay que decirlo todo, mientras un papa «escote» habría
sido un hijo de un pequeño país aislado y boreal, de antigua obediencia aviñonesa, un papa catalán habría sido
oriundo de un país también, desde el reinado de Martín
el Humano, de denodada obediencia aviñonesa y aun ada-
lid de la facción benedictista, pero, a diferencia de Escocia, situado casi en el ojo mismo del huracán del Cisma;
un país sumamente activo, que no sólo abarcaba el Rosellón y la isla de Cerdeña y tenía, por parentesco dinásti-
co, una gran influencia en la de Sicilia[17] (ya se ha visto

17. En lo que atañe al Reino de Sicilia, no se confunda en este punto
lo que se dice de su situación política referente a 1398, fecha atribuida a
la composición del «Deitado» en cuestión, con lo que puede decirse de su
situación en vísperas del Concilio de Constanza, pues, en verdad, tras la
muerte de Martín el Joven, último rey de Sicilia de la gran dinastía catalana (como último de esta misma dinastía, en cuanto rey de Aragón, fue
también su padre, don Martín el Humano), y tras algunas incertidumbres
y querellas entre su viuda doña Blanca de Navarra y algunos barones sicilianos encabezados por el Conde de Mòdica, Bernat de Cabrera (el de
Cabrera es el primero de los apellidos enumerados por Luigi Genardi,
según cita de Vicens i Vives, como «d'una segona onada de colonització
senyorial catalana a Sicilia» Jaume Vicens i Vives, «Els Trastamares», p. 12),
el nuevo rey de Aragón, Fernando el de Antequera, había puesto Sicilia
bajo el poder directo de la Corona de Aragón, no sólo de hecho, pero
tampoco del todo de derecho, ya que la investidura la había recibido del
aún discutido papa —o antipapa— Benedicto XIII y, por tanto, como es de
comprender, con el rechazo del papa —o antipapa— romano, Juan XXIII.

más arriba cómo, ante el Concilio de Constanza, don Fernando el de Antequera reclamaría la incorporación de los obispos sicilianos a la delegación aragonesa), sino que en 1398 −cuando fue escrito, si hay que creer al autor, el «primer deitado sobre el fecho de la Iglesia»− conservaba todavía el enclave de Montpellier, donde estaba una de las dos universidades occitanas o «lemusinas» (la otra era la de Toulouse), donde había sido catedrático don Pedro de Luna, ya Benedicto XIII, papa aviñonés, en ese año. La determinación de «lemusín» tuvo suma importancia en toda la época del pontificado de Aviñón: hubo nada menos que tres papas lemusinos y los tres de Malmont, a las puertas de la misma Limoges, y un cuarto, Urbano V, equiparado a lemusín, que también había sido profesor en Montpellier; y a la hora de los dos cónclaves que dieron lugar al Cisma: el de Roma y el de Fondi, lemusino era el partido mayoritario del colegio cardenalicio, con siete cardenales, frente a cinco del «partido francés» y cuatro del «partido italiano» en el de Roma, de modo que en la elección de

---

Fernando el de Antequera nombró, ya en 1412, una comisión, que zanjó la querella entre la reina viuda y los barones, pacificó la isla y la puso bajo la soberanía directa de la Corona de Aragón; finalmente, en 1415, el propio Don Fernando nombró virrey del Reino de Sicilia a su hijo segundón, Juan, que acabaría por casarse con la viuda de Martín el Joven, Doña Blanca, madre, a su vez, de aquellas dos desventuradas criaturas que fueron Blanca, malcasada con el príncipe de Asturias; y Carlos, el príncipe de Viana, el bienamado de los catalanes y, según la sospecha que todavía sostienen algunos historiadores −como el erudito navarro don Manuel Iribarren−, envenenado por mandato de su madrastra, doña Juana Enríquez, hija del Almirante de Castilla, Don Fadrique, y madre de Fernando el Católico.

Urbano VI no sólo medió la presión del pueblo romano («Romano lo volemo e sennò italiano!») sino también, aunque en menor medida, la alianza entre los dos partidos minoritarios, hartos ya de la hegemonía lemusina. De manera que tal vez tampoco sería demasiado temerario pensar que el Canciller –que tanta parte había tenido en el Cisma, con sus ires y venires a Aviñón y a París–, al decir «catalán», estuviese haciendo un *pars pro toto* queriendo referirse al «partido lemusino» y tanto más teniendo en cuenta que el aragonés Pedro de Luna, ahora papa Benedicto XIII (un año antes el propio Canciller había formado parte de una embajada del rey de Castilla para instarle –por supuesto, inútilmente– a que dimitiese), pero ya cardenal en el Cónclave de Roma, había estado entre los cinco del «partido francés». En fin, no me es dado tener seguridad alguna sobre estas interpretaciones alternativas de la estrofa 827 del *Rimado de palacio*, lo que no quiere decir que no siga pareciéndome infundada y procustiana la decisión de Coromines de reducir a gentilicios homogéneos y equiparables las ocho –siete, en su texto– heterónomas determinaciones de oriundez de un pontífice posible.

§ 9. *(Excurso).* Sin que tenga nada que ver con el asunto que nos traemos entre manos, me permito aprovechar la ocasión para decir que no me resulta nada convincente el paso que, en el mismo ensayo, constituye, por así decirlo, el eje de giro de la argumentación de Coromines para apoyar la hipótesis de que la etimología de «català» y «Cata-

lunya» sea posiblemente el antiguo gentilicio «lacetani».
Naturalmente, jamás podría ni sabría yo decir ni media
palabra sobre la documentación histórica y lingüística
de Coromines ni sobre el uso que pueda hacer de ella; la
objeción está en otro lugar mucho más accesible al igno-
rante. Pero antes es de justicia transcribir las palabras del
autor sobre el grado de confianza que le merece semejante hipótesis: «En realitat hem de reconèixer que l'origen de "català" és encara un enigma. Si volem trobar una
etimologia, ja que no mitjanament segura, almenys no desenraonada, haurem de partir de l'observació següent. Un
nom tan tardà com aquest és ben difícil que pugui ser tradicional: és força més probable que vingui d'alguna ini-
ciativa local o àdhuc individual, i en creacions d'aquestes
són fàcils el errors i alteracions». Dicho esto, transcribo
ya, sin más, el pasaje que es objeto de mis objeciones: «Vet
aquí com italians cultes [se refiere más o menos a la época
inicial de la baja Edad Media] recordaren que aquella part
d'Hispània era habitada pels *Lacetani*, i començaren a usar
de nou aquest nom clàssic, tal com es va fer amb *Aquita-
nia*, *Belgica*, *Lucania* i altres noms clàssics, resuscitats amb
èxit més o menys constant i permanent. El nom circula-
ria primerament en els escrits d'alguns; després, trobant-
lo útil i indispensable, d'altres provaren d'imitar-los, i
digueren *Catelani* o *Catalani*, per un lapsus (de llengua o
de ploma) gens inusitat en tals resurreccions mig-sàvies.
I, ¿què són les metàtesis sinó lapsus després generalitzats?».
Lo primero que hay que decir es que un *lapsus calami* («de
ploma») sólo es verdaderamente *calami* si es una errata: la

mano se ha escapado, no ha respondido a la intención, y
no si es un error: la mano ha escrito lo que el escritor quería, lo que creía que era correcto. Una errata responde a
un fallo de la sola motricidad y, por lo tanto, puede ser
corregida por el propio amanuense en el momento en
que la advierta. Un error es, por el contrario, una equi-
vocación que estaba ya en la intención, en la mente, y a
la que la motricidad, la mano, no hace más que obedecer.
(Los psicoanalistas, siempre ávidos de echar el alma humana por los suelos, podrán encontrar las más sórdidas moti-
vaciones de ciertos *lapsus mentis*, pero éstos, en tanto que
supuestamente motivados, no podrían ser nunca fonoló-
gicos, sino siempre, de la forma que fuere, semánticos.)
Así que no cabe pensar en un error que fuese un simple
lapsus calami: si ya está en la intención, tiene que proceder
de una anterior mala audición —llamémosla provisionalmente «lapsus auditivo»—. Queda la situación en que un
copista transcribe de otro escrito: sus erratas dependen de
la mala caligrafía del copiado o de la mala conservación
del texto; sus errores serán «interpretaciones» equivoca-
das ya sea de la ambigüedad de la grafía, ya sea de adap-
tar a la propia comprensión un sentido extraño o no com-
prendido. Pero en esto no cabe la metátesis, que es una
alteración silábica o fonológica. Escribir por errata en la
transcripción «Catelani» por lo que en el texto que se
copia se lee claramente «Lacetani», es, a mi juicio, prácticamente inimaginable: las letras iniciales de una palabra
son las que campean con más sólida perceptibilidad, lo
que no sólo puede constatarse en el acto de la lectura, sino

también en la rememoración: «No me acuerdo de qué nombre era, pero seguro que empezaba por ELE». Ítem más: la metátesis común se produce —casi osaría decir que siempre— con sílabas trabadas; me parece prácticamente imposible que pueda darse entre las dos sílabas iniciales y especialmente en un tetrasílabo como «lacetani» (léase *la-ke-tani*) compuesto de cuatro sílabas japonesas.[18] Pero, sobre todo, la metátesis no es un «lapsus», no digo ya «de ploma», sino ni tan siquiera «de llengua». La metátesis se produce por un particular fenómeno psíquico audiomotor. Esto tan sólo se constata con evidencia suficiente con los analfabetos, en los que el desconocimiento de la escritura es causa de incapacidad para el desglose analítico de las sílabas y los fonemas, que sintéticamente saben producir. Un analfabeto que por «Gabriela» o «croqueta» diga «Grabiela» o «cocreta» *no sabe* que dice «Grabiela» y «cocreta»; si uno intenta corregirle: «No se dice "Grabiela" / "cocreta", sino "Ga-brie-la" / "cro-que-ta"», casi infaliblemente protestará: «¿Pues y qué digo yo? Grabiela / cocreta», acaso hasta acertando a silabear: «Gra-bie-la» / «co-cre-ta». Tales son, pues, mis objeciones contra la plausibilidad de la hipótesis, que Coromines considera «no desenraonada», de hacer nacer «Catelani» —el cambio de la E por la A del posterior «Catalani» lo documenta y justifica, sin que haya nada que objetar— de una metátesis de «Lacetani».

---

18. Estas sílabas (consonante-vocal) son, según Roman Jakobson, «universales lingüísticos», no faltan en ninguna lengua.

Barroco

«Un penseque, un juzgueque y un creíque, tres caballeros muertos de un disparo en la calle de la gorguera.» La calle de la gorguera es evidentemente la garganta, por la que vienen subiendo hacia la boca la voz y las palabras, que, sin embargo, no siempre llegan a cumplir la frase entera, quedándose azoradas en puntos suspensivos: «Ah, pensé que…» / «juzgué que…» / «creí que…». Tres arranques, por tanto, de un decir que se interrumpe, acobardado, a mitad de camino, ésos son los tres caballeros que venían por la calle de la gorguera y el dicho proverbial es el comentario —según el tono, benévolo o sarcástico— que le merecen al oyente tales tímidos decires inconclusos. Pero el que sean tres caballeros y, por añadidura, que mueran de un disparo pertenece ya al gusto espectacular y artificiero que es propio del barroco. «Juzgué que», en el sentido de «estimé», «me pareció», en desuso tal vez al menos desde el siglo XIX, podría, además, fechar bastante atrás el dicho, aproximándolo al lugar a que más suena: el siglo XVII. Bien es verdad que por entonces, si no recuerdo mal, aún se oía decir únicamente «tiro» y no «disparo», y una corrección posterior sería difícil de explicar, dado que «tiro» sigue siendo hoy todavía totalmente vigente. Aún así, la hiperbólica atmósfera de la representación parece que quiere poner en escena aquella pistola de culata curva, casi en forma de coma, que el propio Calderón quiso que fuese un áspid.

Pero la simple complicación o, menos todavía, la longitud no hace barroco. No lo hace, por ejemplo, un dicho como este: «De Toro a Zamora cinco leguas son, cinco por aquende, cinco por allende, cinco por el vado, cinco por la puente», aunque todo este vasto y luminoso paisaje se despliegue tan sólo para replicarle a otro que lo diga como lo diga la cosa es la misma, para lo cual, además, el castellano disponía de otro dicho tan lacónico como el de «Olivo y aceituno todo es uno». Mas tras haber sacado del barroco el refrán de las cinco leguas sería erróneo ir a inscribirlo en lo mudéjar a título de la ajustada combinación matemática de 6 por 6 (seis miembros de seis sílabas, dado que el miembro «cinco leguas son», al ser agudo, debe igualarse como 5+1), como un bien calculado primor de albañilería de ladrillo. El mudéjar se complace, ciertamente, en jugar con las razones matemáticas, pero de una manera extraordinariamente más compleja.

A Sigmund Freud, en su tratado sobre el chiste, se le pasaron por alto, inadvertidas, dos cosas importantes. La primera de ellas es una —no la única, por supuesto— de las situaciones funcionales más antiguas y fecundas en la creación de chistes: la de lo que Boccaccio quiso entender preferentemente por «il motto» en la jornada que en el *Decamerón* le dedicó. Su forma ideal era la de una réplica feliz ante una frase maliciosa o agresiva; el propio rey disculpaba y hasta celebraba al que acertase a darle una respuesta ingeniosa. De los de la Antigüedad fue, por lo visto, Diógenes de Sínope el más famoso por su destreza y rapidez en este arte, del que hizo casi un método didáctico. «Oh Diógenes —le dijeron una vez—, los sinopenses te condenaron al destierro», «Y yo a ellos a quedarse» —rebatió—. Otras veces hacía alguna cosa rara para que le preguntasen «¿Qué haces?» y dar una respuesta que ya traía pensada. Le salió mal, sin embargo, con Platón: entró, en efecto, en el jardín de la Academia y se puso a patear los arriates y las flores; mas comoquiera que Platón se guardase muy bien de darle pie con la pregunta, tuvo que ser él mismo el que adelantase la respuesta preparada: «Pisoteo la vanagloria de Platón», con lo que al fin acabó por ser él el que le diese pie a Platón para aquella respuesta memorable: «Oh, Diógenes, tú pisas una vanagloria con otra vanagloria». La otra cosa que Freud no supo advertir en su tratado es la instantaneidad característica del chiste. El rasgo de instantaneidad queda muy bien recogido en castellano con el empleo de la palabra «golpe» («Has tenido un buen golpe») para el chiste, lo mismo que en italiano con «battuta» («Bella battuta!»). Y, aun más, del ocurrente para el chiste se suele decir que «tiene chispa» ¿y hay cosa más instantánea que la chispa?

Pues bien, ya no sé de cuándo ni de qué lectura recuerdo todavía —literalmente por lo que a las dos frases directas se refiere— un chiste, barroco si los hay, que bien merecería servir de paradigma de esas dos cosas que olvidó Freud en su tratado: la situación de «motto» y la instantaneidad. Es sabido que el arzobispo de Toledo gozaba de un privilegio que sólo compartía, por cuanto se me alcanza, con el Papa o tal vez, todo lo más, con algún otro arzobispo de otra sede de importancia comparable: el de poder castrar a las voces blancas que pareciesen muy sobresalientes en los cánticos de la catedral, a fin de no perderlas con la muda. Pasaba, pues, uno de estos castrados, ya todo un mozancón, por delante del chiscón de un zapatero judío, que estaba a su tarea, cuando, en esto, levanta el judío la cabeza y va y le dice: «¿Cómo le va a vuestro gavilán sin cascabeles?», a lo que el mozo, con su voz atiplada, le replica: «¿Y al vuestro, sin caperuza?». Creo que es ocioso encarecer aquí el rasgo de «motto», o sea de réplica feliz a unas palabras agresivas; y en cuanto al de instantaneidad, la respuesta es literalmente una volea, un contragolpe sin dejar rebotar. El no dejar rebotar es aquí exactamente no repetir la palabra «gavilán» sino empalmarla en el aire según viene y devolverla con su propio impulso mediante el lance anafórico «y al vuestro».

Pero tampoco es que el barroco requiera siempre una complicación espectacular; puede surgir también en los más simples recursos efectistas, como el de la sinestesia con el remate a la media verónica que logró Manuel Machado en aquel tan famoso pie quebrado que cerraba el poema de las ciudades de Andalucía: dos últimas verónicas templadas y de súbito la media bien ceñida a la cadera: «Huelva, la orilla / de las tres carabelas / y Sevilla», aunque no sin un punto de tufillo retórico andaluz de «ahí queda esso» que mi gusto personal nunca ha aceptado.

La afición, tan barroca, por la hipérbole pervive todavía —o al menos pervivía hasta hace poco— en los hablares castellanos. Fue a una mujer de Jaén a la que le oí de algo que viene «ello por ello», como suelen decir los extremeños, o sea muy justa y oportunamente: «Como la guantá 'un gitano, que ni faltó cara ni sobró mano»; y en cuanto a los madrileños, es notorio hasta qué punto se recrean —o se recreaban— en hipérboles jocosas del tipo «más estrecho que un silbido» —que es otra sinestesia— o «más simple que el mecanismo de un chupete». Pero para hipérbole barroca ninguna como aquella de la lluvia, tan salida de madre, tan pasada de rosca, que llega a trascender el límite posible de la mera magnitud, convirtiendo la cantidad en cualidad, ya que el peso específico, al ser una nota analítica de una sustancia material determinada, debe inscribirse en lo cualitativo. Reza así: «Llueve más que el día en que enterraron a Zafra, que el ataúd era de plomo y flotaba sobre las aguas». ¡Virgen santísima, pues y qué aguacero tan tremendo, tan obstinado y tan impenitente no sería el que a despecho de toda resistencia, lograse convencer al plomo mismo de que es más ligero que el agua!

Lenguajes

El que tan sólo quiere complacerse con las bellezas y las felicidades —en la acepción en que se dice «palabra feliz»— de la lengua se pierde un campo no poco interesante y a veces sumamente divertido: el de las desviaciones de las formas llanas y centrales, que tampoco tienen por qué ser lingüísticamente incorrectas para dar en extremos de aberración o de fealdad. Su motivación es casi siempre ideológica o social. Digo «social» no en el sentido de lo que vaya a ocuparme ahora de los que son francamente distintivos de clase, como es el caso de los que en el restaurante no pedían «la cuenta» sino «la nota», adinerados elegantes que apartaban de sí cualquier idea de vil contabilidad, como diciendo: «Yo no soy de los que se detienen en comprobar el precio de los platos ni en repasar la suma, y a lo mejor hasta he olvidado la regla de sumar». Era la misma clase adinerada cuyas mujeres e hijas andaban por la calle con los brazos cruzados ante el pecho: evidente distintivo social, porque nunca lo he visto en mujeres de la pequeña burguesía o de la clase obrera; no es difícil remitir su interpretación al carácter de «ocio vicario» que Thornstein Veblen señaló en las mujeres de las clases altas. Pero mi atención sociológica, ya digo, va a fijarse ahora en otras cosas.

Por ejemplo hace tiempo me contaron cómo en México no se le podía preguntar llanamente a una persona: «¿Qué tal está su madre?», sino que había que organizarle a la pregunta este envoltorio de pastelería: «¿Y cómo dise que le va a su mamasita de usté?».Y acaso podría malinterpretarse la característica dulzura del hablar mexicano como un ritual de contención de una antigua y soterrada tradición de violencia. El tono y el lenguaje elaborados a vueltas de tan cauto y escrupuloso miedo de ofender podrían inscribirse en lo que hoy llaman «lenguaje políticamente correcto» –aunque más propio sería haberlo llamado «socialmente correcto»–, de no ser porque las formas mexicanas son creaciones anónima y espontáneamente conformadas, mientras que en las del «lenguaje políticamente correcto» tanto la presunta ofensa como su correctivo responden a un puro invento intelectual, a elucubraciones tan gratuitas como artificiosas. Los que tengan oídos finos para lo realmente ofensivo no escarbarán en los inertes géneros gramaticales, sino en ciertos cariños familiares como el de que a la mujer se la apele por «nena» o por «muñeca» o al niño por «campeón».

Por lo demás, el impulso hacia el «lenguaje políticamente correcto», o más bien «corregido», no es de hoy, sino que tiene notables precedentes. En tiempos de Franco, hacia los años cincuenta, el régimen intentó –por otra parte con escaso éxito– sustituir la voz «obrero» por la de «productor»; pero si con ello intentaba exorcizar el recuerdo de la lucha de clases, la palabra específica de ésta, y por lo mismo políticamente incorrecta, era «proletario» y no ya «obrero», palabra común y recibida al menos desde el siglo XIX, si es que no anterior. [1] En el siglo XV se decía «mecánico», que abarcaba tal vez desde el peón de albañil hasta el pequeño artesano no industrial. La «Crónica del Halconero» pone en boca de Juan II, en su lecho de muerte, estas palabras: «Bachiller Cibdadreal ¡naciera yo fijo de un mecánico e oviere sido fraile del abrojo e non rey de Castilla!», donde es curioso observar cómo el rey no pensara, de haber nacido fijo de un mecánico, en una vida humilde, de muy modesto pasar, pero libre de cuidados, responsabilidades, sinsabores y, sobre todo, de Infantes de Aragón, sino que se dejara arrebatar hasta tal punto por la melancolía como para querer verse nada menos que metido a fraile en el Convento del Abrojo.

Pero no nos desviemos, «vengamos a lo d'ayer»: tal vez los de hoy se extrañarían de que el político más satanizado a raíz de la Guerra Civil fuese Manuel Azaña; en parte, pudo ser, probablemente, porque se considerase propagandísticamente rentable su fealdad; y no hay más que reparar en lo extraordinariamente guapo que era, en cambio, José Antonio Primo de Rivera, para ponderar cómo

---

1. Quiero decir a la acepción genérica actual, pues la voz es mucho más antigua. Como todo lo que a la industria se refiere, el modelo de todo es casi siempre el ramo textil: así, hay que recordar cómo la raíz aparece ya en el siglo XVI-XVII en la voz «obraje» para las fábricas de paño. En mi infancia aún se usaba «obrador de la plancha» para establecimientos de planchar. El arquetipo del «obrero» en el sentido industrial debió de ser, pues, el textil. Lentamente debió de ir *desespecificando* distintas profesiones manuales, como las de la construcción o el campo, desplazando por fin al genérico no cualificado «peón». (Cfr. el italiano «manovale» frente a «operaio».)

los no elegidos dones de la naturaleza le traían al régimen ya hecha media propaganda. A lo que voy es a que ningún topónimo podía ser más «políticamente incorrecto» que el de un pueblo que se llamase precisamente Azaña. Naturalmente, lo cambiaron, cuando una simple hache que hubiese llevado por delante podría haberlo salvado; pero era Azaña, sin sombra ni recuerdo de hache alguna, y le pusieron nada menos que Numancia. Con todo, no se puede excluir que fuesen los propios vecinos los primeros que se sintiesen incómodos con tal nombre, y la demanda de un cambio partiese de ellos o bien de sus fuerzas vivas, ansiosas de apuntarse un tanto de testimonio inquebrantable de adhesión nacional. De modo parecido, me sospecho que la que a fin de cuentas resulta ser la más histriónica y canallesca de las invenciones del «lenguaje políticamente correcto», o sea la de «países en vías de desarrollo», bien pudo ser incoada a petición de los jerifaltes de algunas de las naciones afectadas, que quitándose la tacha nominal de «países subdesarrollados» considerasen estar velando por el honor nacional.

Donde un camino rural poco transitado iba a cruzarse con la vía del tren las compañías ferroviarias tenían un letrero en forma de cruz de San Andrés, en cuyas aspas se leía: «Paso sin guarda / Atención al tren». «Atención al tren» era una evidente traducción de los ferrocarriles franceses, y aún no ha logrado sonar a tan correcto castellano como «Cuidado con el tren». Pero la Renfe se ha dejado llevar últimamente por el «lenguaje políticamente correcto» —correcto *pro domo sua* en este caso—, al sustituir la palabra «retrasado» por un más pudoroso y suavizante «demorado».También la Renfe vela por su honor. La voz «partir», en la acepción «salir de viaje», ha sufrido en castellano la desgracia de una fortísima competencia con la acepción «partir» = «dividir en partes».Así que cuando los altavoces de las estaciones proclaman que el tren tal «efectuará su salida» a las tantas, nada puede objetársele al «salida», lo que no tiene perdón de Dios es «efectuará».

«Realizar», «efectuar», «practicar» son con frecuencia infectos comodines sustitutivos del verbo llano y central «hacer». En esta huida de las palabras llanas suele haber, a mi juicio, una motivación ritual, a veces hilarante. Con nada me he reído tanto como con la prosa de algún «modo de empleo» (otra traducción del francés, pero impecablemente castellana) de ciertos productos de farmacia o droguería. Por ejemplo, no dirán nunca: «Hacer un agujero en el costado de la lata», sino que se esmerarán en inefables formulaciones como ésta: «Practíquese un orificio en la parte lateral del recipiente».Y si la función del rito es proteger el límite, lo que el lenguaje de esos prospectos trata de imbuir y de inducir en el consumidor es como una parada, una actitud de distancia, respecto de la cual cualquier acceso desenvuelto y familiar sería un allanamiento. Claramente se oye la connotación de circunspecta mediatez de «practicar un orificio», frente a la confianzuda inmediatez de «hacer un agujero». El lenguaje ritual parece aquí sustituir virtualmente todo directo echar mano de la cosa por un indirecto tomarla mediante pinzas cuidadosas y hasta especializadas. «Hacer un agujero» es una villanía brutal y desconsiderada hacia un producto de tan conspicua calidad, irreverente violación del respeto que pretende merecer. En una palabra, «hacer un agujero» no es un rito, «practicar un orifico» sí lo es.

Juan de Mairena decía que poner en lenguaje poético «Los eventos consuetudinarios que acontecen en la rúa» era decir «lo que pasa en la calle». De modo que si Mairena tenía razón en que el lenguaje poético es decir «lo que pasa en la calle» y yo, a mi vez, la tuviese al afirmar que los decires *descentrados* como «practíquese un orificio…» o «los eventos consuetudinarios…» pertenecen al lenguaje ritual, la conclusión sería que el lenguaje poético es esencialmente antirritual y, viceversa, que el lenguaje ritual es congénitamente antipoético.

Este libro se terminó de imprimir el 31 de marzo de 2004 en los talleres de Tecnología Gráfica, Av. Gumersindo Llorente 23, Madrid. La formación tipográfica corrió a cargo de Equipo Nagual, y la edición estuvo al cuidado de *Ana Laura Álvarez y Ricardo Navarro.*